Käthe-Ursula Kuhn-Kalms/Silvia .

Deutsch, 5. und 6. Klasse

Grammatik: Wortarten

rororo Rowohlt

Dieses Buch ist nach den neuen Rechtschreibregeln verfasst
(Stand Juli 1996)

Originalausgabe
Lektorat Katrin Helmstedt und Bernd Gottwald

11. – 13. Tausend Januar 1999

Veröffentlicht im Rowohlt Taschenbuch
Verlag GmbH, Reinbek bei Hamburg, Januar 1997

Umschlaggestaltung Susanne Müller
Illustrationen Christof Tisch
Reihentypografie und Layout Iris Farnschläder
Gedruckt auf Arctic Volume 115 g/qm
der Håfreströms AB Schweden
Gesetzt aus der Minion und Trade Gothic
auf Apple Macintosh in QuarkXPress 3.32
Gesamtherstellung Clausen & Bosse, Leck
Printed in Germany
ISBN 3 499 60186 9

Inhaltsverzeichnis

Liebe Eltern,

können Sie inzwischen das Frühlingsgedicht genauso gut aufsagen wie Ihr Kind? Fühlen Sie sich in Ihre eigene Schulzeit zurückversetzt, weil Sie wieder über der Bruchrechnung brüten? Oder versuchen Sie, einen französischen Text zu entschlüsseln, obwohl Sie die Sprache selbst kaum beherrschen? Möglicherweise sind Sie in heller Aufregung, denn Ihr Kind hat schon wieder eine «Klassenarbeit verhauen». Vielleicht ist sogar die «Versetzung gefährdet»?

Wie viele Nachmittage haben Sie schon mit Ihrem Kind für die Schule gepaukt, sich Aufgaben ausgedacht, nach Erklärungen gesucht und sich überlegt, ob Lösungswege richtig oder falsch sind? Aber nicht nur das zerrt an Ihren Nerven, auch die Stimmung ist mies. Wenn Sie mit Ihrem Kind gemeinsam für die Schule büffeln, ist dies sicher oft mit Auseinandersetzungen und Tränen verbunden. «Ich kapier das eh nie.» – «Ich will endlich zu meinen Freunden.» – «Mein Lehrer hat mir das aber ganz anders erklärt.» Und Sie hatten sich den Nachmittag wahrscheinlich auch schöner vorgestellt.

Selbst wenn Sie im Moment gestresst und ratlos sind: In der Regel können Kinder jeden Lernstoff begreifen. Wichtig ist, dass durch eine abwechslungsreiche Darbietung des Stoffes individuelles Lernen ermöglicht und Freude an der Auseinandersetzung mit einem Thema gefördert wird. Hier liegt eine Stärke der *klipp & klar Lerntrainer.* Ein weiterer Vorteil ist, dass Ihr Kind mit den *klipp & klar Lerntrainern* **selbständig** arbeiten kann: Der Lernstoff wird verständlich, anschaulich und in kleinen Schritten dargestellt. Lerntipps erleichtern Ihrem Kind das Verstehen, Anwenden und Behalten. Durch eine Probeklassenarbeit wird geprüft, ob das Gelernte auch sicher sitzt. An einigen Stellen ist es sinnvoll, dass Sie Ihre Hilfe anbieten. Dort finden Sie dieses Zeichen (siehe rechts), z. B. bei der Terminplanung für die Wiederholungen.

Mit den *klipp & klar Lerntrainern* können nicht nur erfolgreich Probleme in bestimmten Fächern ausgeräumt werden, sie eignen sich auch hervorragend, wenn Ihr Kind sein Wissen bei einzelnen Themen aufpolieren oder sich gezielt auf eine Klassenarbeit vorbereiten möchte.

Die *klipp & klar Lerntrainer* helfen Ihnen dabei, dass die Nachmittage mit Ihrem Kind wieder entspannter verlaufen.

Walter Kowalczyk und Klaus Ottich

Liebe Lehrerin, lieber Lehrer,

in jeder Klasse begegnen Sie Schülerinnen und Schülern, die Probleme mit bestimmten Themen haben. Besorgte Eltern haben sich an Sie gewandt und um Rat und spezielle Lerntipps gebeten. Viele sind unsicher, wie sie ihr Kind erfolgreich unterstützen können, und fühlen sich beim Erklären schulischer Lerninhalte verständlicherweise überfordert. Das gemeinsame Üben belastet häufig die ganze Familie.
Sicher gibt es auch Schülerinnen und Schüler, denen Sie gern geeignetes Übungsmaterial empfehlen würden, damit sie selbständig Schwächen abbauen und ihre Leistungen verbessern können.

Überzeugen Sie sich selbst: Mit den *klipp & klar Lerntrainern* kann jeder Schüler seine Defizite selbständig aufarbeiten:

- Der Lernstoff wird verständlich, anschaulich und in kleinen Schritten dargestellt.
- Die abwechslungsreiche Darbietung des Stoffes fördert individuelles Lernen und die Motivation, sich mit einem Thema auseinander zu setzen.
- Alle Fachbegriffe werden erläutert, sodass Verständnisprobleme gar nicht erst entstehen.
- Lerntipps erleichtern das Verstehen, Anwenden und Behalten.
- Das Üben in sinnvollen Lernetappen unterstützt den Lernerfolg.
- Wiederholungsübungen sichern langfristig den Lernfortschritt.
- Durch eine Probeklassenarbeit wird überprüft, ob das Gelernte auch sitzt.

Und auch Sie selbst können die *klipp & klar Lerntrainer* mit Gewinn nutzen:

- als Vorbereitung für Ihren Unterricht,
- als Differenzierungsmaterial für Ihre Klasse,
- als Lernprogramm für Ihren Förderunterricht.

Wir wünschen Ihnen viel Erfolg für Ihre Arbeit!
Walter Kowalczyk und Klaus Ottich

Liebe Schülerin, lieber Schüler,
so kannst du mit diesem Buch arbeiten:

1. Wähle dir ein Thema aus oder beginne gleich auf der nächsten Seite!
2. Lies dir die Erklärungen **genau** durch! Wiederhole sie mit eigenen Worten! So erkennst du, ob du sie wirklich verstanden hast.
3. Nun bearbeite die Übungen bis zum Stoppzeichen! **Stopp!**
   Schreibe mit einem **Bleistift**, damit du Fehler leichter verbessern kannst!
   Einige Aufgaben kannst du nicht im Buch bearbeiten. Besorge dir deshalb ein Heft, das du nur für die Arbeit mit diesem Buch verwendest.
4. Wichtig! Kontrolliere und berichtige deine Lösungen **sofort**! Hier ist es sicher hilfreich, wenn deine Eltern, Geschwister, Freunde oder Mitschüler dich dabei unterstützen können. Radiere falsche Lösungen aus und bearbeite diese Aufgaben noch einmal. Danach: Schluss für heute!

5. Wenn du am nächsten Tag weiterarbeitest, füllst du zunächst den Abschnitt «**Zur Erinnerung**» aus. Jetzt weißt du wieder, worum es geht. Dann wiederholen sich die Punkte 2.–4.
6. Die **Wiederholungsübungen** (ab Seite 70) helfen dir, den Lernstoff länger zu behalten.
7. Den Abschluss des Buches bildet eine **Probeklassenarbeit**. Hier überprüfst du, wie sicher du die Wortarten benennen und voneinander unterscheiden kannst.

Wenn du in Schwierigkeiten gerätst, bitte deine Eltern, Freunde, Geschwister, Mitschüler oder Lehrer, dir zu helfen! Jetzt kann es losgehen!

Das Nomen (das Namenwort)

Aufgabe

Der **Ball** fliegt durch das **Fenster**. Auf der **Treppe** sitzt meine **Katze**. Die **Tür** des **Hauses** ist kaputt.

Der Ball fliegt durch das Fenster.

Auf der Treppe sitzt meine Katze.

Die ~~Fenster~~ Tür des Hauses ist kaputt.

Diese Sätze kannst du nicht verstehen. Es fehlen wichtige Wörter. Die Bilder verraten sie dir. Trage die gefundenen Wörter in die Lücken ein!

Du hast den abgebildeten Gegenständen, Dingen und Lebewesen Namen gegeben. Die Wörter, die du dazu benutzt hast, nennt man deshalb **Namenwörter** oder auch **Hauptwörter**.

Der lateinische Ausdruck für diese Wortart lautet **Nomen**.

In manchen Büchern werden sie auch **Substantive** genannt.

Stopp!

Schluss für heute! Beginne morgen mit dem Abschnitt «Zur Erinnerung»!

Nomen stehen für Dinge, Gegenstände und Lebewesen, die man **sehen** und **anfassen** kann.

Wörter wie Katze, Haus, Fenster oder Treppe

nennt man Nomen. Sie bezeichnen Gegenstände,

Dinge und Personen, die man sehen oder

anfassen kann.

Zur Erinnerung

Überprüfe nun diese Erinnerung mit Hilfe des Lösungsteils!

Nomen werden großgeschrieben

Im Deutschen werden die Nomen immer mit einem **großen Anfangsbuchstaben** geschrieben.

Das ist in anderen Sprachen nicht so, wie du vielleicht aus dem Englischunterricht weißt.

Beispiel

the **dog** in the **bag** – der **Hund** in der **Tasche**

Übung 1

Unterstreiche in dem folgenden Text alle Nomen!

Hinweis

Damit du es nicht zu leicht hast, beginnen alle Wörter mit Kleinbuchstaben.

die **familie stolperstein** ist erst vor kurzem nach worthausen gezogen. das haus am stadtrand hat sie von einer alten tante geerbt. die kinder – das sind die tochter frauke und der sohn friedhelm – haben schon viele freunde gefunden. auch die anderen familienmitglieder fühlen sich inzwischen in der neuen stadt recht wohl. der vater arbeitet jetzt als wärter in einem tierpark, die mutter ist mit ihrem neuen frisör zufrieden und opa friedrich hat mit dem garten, den vielen rosen und büschen alle hände voll zu tun. auch der papagei und der pudel sind mit dem neuen zuhause sehr zufrieden.

Stopp!

Schluss für heute! Beginne morgen mit dem Abschnitt «Zur Erinnerung»!

Zur Erinnerung

Überprüfe nun diese Erinnerung mit Hilfe des Lösungsteils!

Wörter wie Hand, Tür, __________ oder __________ nennt man Nomen __________. Sie werden immer mit einem großen __________ Anfangsbuchstaben geschrieben.

Ein Unterschied: die Konkreta und die Abstrakta

Alle Nomen, die **Lebewesen** (Menschen und Tiere), **Pflanzen** oder **Sachen** und **Dinge** bezeichnen, nennt man **Konkreta.** Du kannst all diese Dinge **sehen** oder **anfassen.**

Tipp

Dies ist ein konkretes Bild. Du siehst genau, was der Maler abbilden will, eine Kirche nämlich.

Dies ist ein abstraktes Bild. Der Maler bildet keine sichtbaren Gegenstände aus der Wirklichkeit ab.

Nomen, die den Dingen und Personen einen besonderen Namen geben, nennt man **Eigennamen** (z. B. Peter, Hannover, Rhein). Dadurch kannst du sie voneinander unterscheiden (Friedhelm ist gemeint, nicht Florian – Worthausen, nicht Satzhausen). Eigennamen gehören zu den Konkreta. (Du kannst sie sehen und anfassen.)

Es gibt aber auch andere Nomen. Sie bezeichnen etwas, das man **nicht** sehen oder anfassen, sondern nur **fühlen** (Angst), **empfinden** (Langeweile) oder sich **in Gedanken vorstellen** (Monat) kann.
Diese Nomen nennt man **Abstrakta.**

Man kann einen «Monat» nicht sehen oder anfassen.
Begriffe wie diesen denkt man sich, man hat sie nur im Kopf.

Überprüfe nun, ob du Konkreta und Abstrakta voneinander unterscheiden kannst! Unterstreiche zunächst alle Nomen!

Übung 2

Opa Stolperstein hat eine große **Liebe**: seinen Fernseher. Wenn er keine Lust hat, im Garten zu arbeiten, schaltet er den Apparat ein. Am liebsten sieht er sich Abenteuerfilme aus fremden Ländern an. Seine Tochter Friederike mag es gar nicht, wenn Opa Friedrich seine Zeit vor der Glotze verbringt. «Geh lieber mit dem Hund spazieren und schau dir nicht immer diesen Unsinn an! Geht es heute wieder um Liebe und Eifersucht?», fragt sie immer, wenn sie ihren Vater ärgern will. «Nein, diesmal geht es um Banditen und viel Geld», antwortet er ihr stets und lehnt sich in seinem Sessel zurück.

Zeichne dir diese Tabelle in dein Heft.
Ordne die Nomen ein!

Abstrakta	Konkreta	Eigennamen
Liebe	Opa	Stolperstein

Überprüfe nun diese Übung mit Hilfe des Lösungsteils!

Stopp!

Schluss für heute! Beginne morgen mit dem Abschnitt «Zur Erinnerung»!

Zur Erinnerung

Nomen kann man in zwei Gruppen einteilen:

Die erste Gruppe sind die ______________________ ,

sie bezeichnen Lebewesen (z. B. ____________________),

Pflanzen (z. B. ______________________) oder Sachen und

Dinge (z. B. ___________________________). Man kann

Konkreta sehen oder anfassen. Die zweite Gruppe sind die

________________________ , sie bezeichnen etwas, was man

fühlen (z. B. _____________________), empfinden

(z. B. ________________________) oder sich in Gedanken

vorstellen (z. B. __________________________) kann.

Überprüfe nun diese Erinnerung mit Hilfe des Lösungsteils!

Nomen und ihre Begleiter (die Artikel)

Zu jedem Nomen gehört ein **Artikel** (Begleiter):

– entweder ein **bestimmter Artikel**

Garten	**der** Garten
Freude	**die** Freude
Pferd	**das** Pferd

– oder ein **unbestimmter Artikel**

Garten	**ein** Garten
Freude	**eine** Freude
Pferd	**ein** Pferd

Artikel kannst du in Gedanken ergänzen. Zum Beispiel so:

Beispiel

Du liest in einem Text:	Vater mag Tiere.
Du ergänzt in Gedanken:	**Der** Vater mag **die** Tiere.

In der folgenden Übung probierst du diesen Trick gleich aus. Unterstreiche alle Nomen und – wenn vorhanden – die dazugehörigen Artikel! Trage die Nomen richtig in die Tabelle ein!

Übung 3

fridolin, **der vater der familie** stolperstein, ist **ein tierfreund.** eigentlich ist es logisch, dass er **zoowärter** geworden ist, denn in einem büro könnte er es nicht einen tag lang aushalten. bei wind und wetter radelt er mit dem fahrrad in den tierpark, denn fridolin mag autos nicht besonders. dafür liebt er raubkatzen. «ich verstehe das nicht», wundert sich die mutter immer wieder, «wie kannst du nur ständig den gestank in den käfigen aushalten?» sie kennt natürlich die antwort des tierliebhabers: «raubkatzen riechen besser als haarspray.»

Hinweis

Eigennamen werden meistens ohne Artikel benutzt, es heißt also nicht «der Fridolin», sondern nur «Fridolin». Deshalb: Eigennamen nicht unterstreichen!

Tipp

Artikel verändern sich in den verschiedenen Fällen. «*Der* Mann tanzt. Ich sehe *den* Mann.» – «*Ein* Tiger macht mir Angst. Ich weiche *einem* Tiger immer aus.» (Siehe Seite 28.)

Nomen mit einem Artikel	Nomen ohne Artikel (Ergänze die Artikel in Gedanken!)
der Vater der Familie	Zoowärter
das Büro	
der Tag	
das Fahrrad	
der Tierpark	
käfig	
das Haarspray	
die Antwort	
der Gestank	

Überprüfe nun deine Lösungen!

Stopp!

Schluss für heute! Beginne morgen mit dem Abschnitt «Zur Erinnerung»!

Zur Erinnerung

Überprüfe nun diese Erinnerung mit Hilfe des Lösungsteils!

Nomen haben einen ______________ (Begleiter). Es gibt bestimmte Artikeln (der, die, das) und unbestimmte Artikeln (ein, eine, ein).

Das grammatische Geschlecht (das Genus)

Aufgabe Welche Begleiter gehören zu welchen Nomen? Verbinde!

Hinweis

In den folgenden Übungen ordnen wir nur den bestimmten Artikel zu.

der Elefant, **die** Uhr, **die** Hand, **das** Buch, **der** Luftballon, **das** Auto

die das der das die der

Diese Übung ist dir sicher leicht gefallen. Du weißt, ohne lange nachzudenken, ob ein Nomen mit dem Artikel «der», «die» oder «das» verwendet wird.

An dem Artikel erkennst du, welches **Geschlecht (Genus)** ein Nomen hat.
Im Deutschen unterscheidet man:

die **männlichen** Nomen	→ Sie haben den Artikel «**der**»	→ «**der** Mann»
die **weiblichen** Nomen	→ Sie haben den Artikel «**die**»	→ «**die** Frau»
die **sächlichen** Nomen	→ Sie haben den Artikel «**das**»	→ «**das** Buch»

Jetzt lernst du die lateinischen Begriffe kennen:
Ein männliches Nomen heißt **Maskulinum** (Mehrzahl: Maskulina).
Ein weibliches Nomen heißt **Femininum** (Mehrzahl: Feminina).
Ein sächliches Nomen heißt **Neutrum** (Mehrzahl: Neutra).

Übung 4

In der folgenden Übung ist einiges durcheinander geraten. Streiche die falschen Artikel durch und schreibe die richtigen darüber! Zeichne dir eine Tabelle (männlich – weiblich – sächlich) in dein Heft und ordne die Nomen richtig ein!

das Flasche – der Kaffeetasse – das Autositz –
das Bilderrahmen – die Fußboden – der Kissen –
der Fernsehzeitung – das Schreibblock – die Glas –
der Tagebuch – der Hotel – das Ferienreise

Überprüfe nun diese Übung mit Hilfe des Lösungsteils!

Hinweis

Nur Lebewesen haben ein natürliches Geschlecht. Sie sind männlich oder weiblich. Bei Dingen spricht man von dem **grammatischen** Geschlecht.

Zum Beispiel: «der» Fußboden (grammatisches Geschlecht: männlich)

Das folgende **Spiel** kannst du mit einem oder mit mehreren **Partnern** spielen.
Schreibe auf kleine Kärtchen Nomen (etwa 15 Stück) und lege den Stapel mit der Schrift nach unten auf den Tisch. Eine Karte wird aufgedeckt. Auf einem Zettel notiert ihr nun alle **Nomen**, die den Begriff auf der Karte näher beschreiben. Vorher müsst ihr festlegen, welches Geschlecht die gesuchten Nomen haben sollen (Maskulinum, Femininum, Neutrum).
Zum Beispiel: Auf der Karte steht der Begriff «Auto». Wenn ihr vorher festgelegt habt, dass ihr nur weibliche Nomen verwenden dürft, dann kannst du auf deinen Zettel «die Windschutzscheibe» schreiben, aber nicht «das Lenkrad».
Wer nach einer festgelegten Zeit die meisten Begriffe aufgeschrieben hat, ist der Sieger.

Stopp!

Schluss für heute! Beginne morgen mit dem Abschnitt «Zur Erinnerung»!

Zur Erinnerung

Jedes Nomen hat ein grammatisches __________ (__________). Männliche Nomen (__________) haben den Artikel ________ , weibliche Nomen (__________) haben den Artikel ________ und sächliche Nomen (__________) haben den Artikel ________ .

Überprüfe nun diese Erinnerung mit Hilfe des Lösungsteils!

Die Zahlform (der Numerus)

Aufgabe Setze die bestimmten Artikel (Begleiter) ein!

______ Hund

______ Hunde

______ Katze

______ Katzen

______ Auto

______ Autos

der Hund
die Hunde
die Katze
die Katzen
das Auto
die Autos

Wenn etwas **nur einmal** vorhanden ist, dann steht das Nomen in der Einzahl (im Singular).
Wenn etwas **mehrfach** vorhanden ist, dann steht das Nomen in der Mehrzahl (im Plural).

Die meisten Nomen können im Singular **und** im Plural benutzt werden.
Nomen im **Plural** werden immer mit dem Artikel «**die**» verwendet: der Mann – **die** Männer; die Kanne – **die** Kannen; das Feld – **die** Felder.

Übung 5

Suche aus der Buchstabenschlange alle Nomen heraus und kreise sie ein! Zeichne eine Tabelle in dein Heft (zwei Spalten: Singular und Plural)! Trage alle Nomen im Singular **und** im Plural in die Tabelle ein!

kinotaschenschulehausbleistiftelesebuchtürenblume

spieleinkaufsesselfeierpuppenübungsblätterschaufel

ziegenmauslehrer

Überprüfe nun diese Übung mit Hilfe des Lösungsteils!

Übung 6

Unterstreiche alle Nomen in dem Text! Lege in deinem Heft eine Tabelle (Singular – Plural) an! Trage die Nomen aus dem Text in die richtige Spalte ein! Ergänze die Artikel!

Hinweis

Eigennamen werden meist ohne Artikel benutzt. Deshalb: Eigennamen nicht unterstreichen!

Es wird Zeit, das jüngste Mitglied der Familie Stolperstein, Sohn Friedhelm, kennen zu lernen. Friedhelm hat ganz besondere Eigenschaften: Er sammelt Spielzeugautos, liebt Computerspiele, vermeidet – wenn möglich – sportliche Unternehmungen und isst für sein Leben gern Gummibärchen. Aber am erstaunlichsten an ihm ist, dass er gerne zur Schule geht. Ja, ihr habt richtig gehört! Besonders eifrig ist er, wenn er Vokabeln lernen darf. Es ist klar, dass Friedhelms Schwester sich ernsthafte Sorgen um ihren kleinen Bruder macht.

Überprüfe nun deine Lösungen!

Stopp!

Schluss für heute! Beginne morgen mit dem Abschnitt «Zur Erinnerung»!

Zur Erinnerung

Fast alle Nomen können in der ____________

(____________) und in der ____________

(____________) verwendet werden. Im Plural

stehen alle Nomen mit dem Artikel ______ .

Überprüfe nun diese Erinnerung mit Hilfe des Lösungsteils!

Die vier Fälle (die Kasus)

Setze die Nomen aus dem Dreieck mit ihren Artikeln an der richtigen Stelle ein!

Aufgabe

den Hund
der Hund
des Hundes
dem Hund

Der Hund läuft ständig über Opas Blumenbeet.

Überall im Garten sieht man die Pfoten des Hundes .

Der Opa hat dem Hund schon häufig Strafe angedroht.

Aber das Gemeckere stört den Hund überhaupt nicht.

Der Hund läuft ständig über Opas Blumenbeet. Überall im Garten sieht man die Pfoten **des Hundes**. Der Opa hat **dem Hund** schon häufig Strafe angedroht. Aber das Gemeckere stört **den Hund** überhaupt nicht.

Tipp

Subjekt, Prädikat, Genitiv-, Dativ-, und Akkusativobjekte sind Satzglieder.

Du siehst, dass Nomen und Artikel sich verändern können. Ihre Form hängt davon ab, zu welchem Satzglied sie gehören.

Nomen können in verschiedenen **Fällen** (Kasus) verwendet werden.
Im Deutschen gibt es **vier Fälle**:

		Maskulinum	Femininum	Neutrum
1. Fall (Nominativ)	→	der Hund	die Familie	das Buch
2. Fall (Genitiv)	→	des Hundes	der Familie	des Buches
3. Fall (Dativ)	→	dem Hund	der Familie	dem Buch
4. Fall (Akkusativ)	→	den Hund	die Familie	das Buch

Wenn du herausfinden willst, in welchem Fall (in welchem Kasus) ein Nomen steht, musst du Fragen an den Satz stellen:

Du fragst nach dem	1. Fall	**«Wer oder was?»**
	2. Fall	**«Wessen?»**
	3. Fall	**«Wem?»**
	4. Fall	**«Wen oder was?»**

Mit diesen Fragewörtern findest du auch die Satzglieder heraus:

«Wer oder was?»	→	Subjekt
«Wessen?»	→	Genitivobjekt
«Wem?»	→	Dativobjekt
«Wen oder was?»	→	Akkusativobjekt

Übung 7 Bestimme die Fälle (die Kasus) der unterstrichenen Nomen! Schreibe den Fall unter das Nomen!

Beispiel

Friederike, die Mutter der Familie, hat einen schönen Beruf: Sie ist Lehrerin.
Nominativ (unter „Friederike“) · Akkusativ (unter „Beruf“)

Frage: Wer oder was hat einen schönen Beruf?
Antwort: Friederike (→ Nominativ)

Frage: Wen oder was hat sie?
Antwort: (einen schönen) Beruf (→ Akkusativ)

In den folgenden Sätzen stellst du dir die Fragen nach den unterstrichenen Satzgliedern im Kopf und beantwortest sie. Du kannst aber auch die Frage und die Antwort jedes Mal in dein Heft schreiben.

Den Schülern ihrer Klasse hat Friederike versprochen, in der nächsten Zeit mit ihnen einen Ausflug zu machen. Sie möchte gern ein Museum besichtigen oder eine Wanderung machen. Dieser Plan gefiel den Kindern nicht so gut. Die Mädchen haben den Vorschlag gemacht, doch lieber einen Freizeitpark zu besuchen. Friederike muss sich das Problem noch genau überlegen.

Überprüfe nun diese Übung mit Hilfe des Lösungsteils!

Tipp Wenn du hier noch größere Schwierigkeiten hast, empfehle ich dir zusätzlich den *klipp & klar Lerntrainer*: Deutsch, 5. und 6. Klasse, Grammatik, Satzglieder.

Stopp!

Nomen verändern ihre Form, wenn man sie in verschiedenen Kasus- und Numerusformen verwendet. Man sagt, Nomen sind veränderbar oder deklinierbar.
Das Nomen hierzu heißt **Deklination**.

Lernposter: Das Nomen

Merkmale: Dinge, die man sehen und anfassen kann • Nomen werden großgeschrieben • Konkreta und Abstrakta • Nomen haben einen Artikel • Nomen haben ein Geschlecht • Singular und Plural • Nomen stehen in einem bestimmten Fall

Genus (Geschlecht)

Der **Artikel (der Begleiter)** zeigt das **Geschlecht** (Genus) des Nomens an.
Es gibt drei **Genera**:

Maskulinum → männlich → der, ein
Femininum → weiblich → die, eine
Neutrum → sächlich → das, ein

Man unterscheidet zwischen **grammatischem** und **natürlichem Geschlecht**.

Numerus (Zahl)

Es gibt zwei **Numeri** (Zahlformen):
Singular → Einzahl
Plural → Mehrzahl

Viele Nomen verändern ihre **Form**, wenn sie von einem Numerus in den anderen gesetzt werden (das Haus – die Häuser). Die meisten Nomen kann man im Singular und im Plural verwenden (das Kleid – die Kleider).

Es gibt Nomen, die **keinen Singular** (die Ferien), und Nomen, die **keinen Plural** (der Durst) haben.

Alle Nomen werden im Plural mit dem Artikel «**die**» verbunden. Das Geschlecht kann deshalb nur im Singular (Nominativ) bestimmt werden.

Kasus (Fall)

Es gibt vier **Kasus** (**Fälle**). Du findest sie durch folgende Fragen heraus:

1. Fall (**Nominativ**) → Wer oder was?
2. Fall (**Genitiv**) → Wessen?
3. Fall (**Dativ**) → Wem?
4. Fall (**Akkusativ**) → Wen oder was?

Die vier Fälle gibt es im Singular und im Plural.

Kopiere und vergrößere dir die Übersicht auf DIN-A3-Format und hänge sie über deinen Schreibtisch an die Wand!

Der Artikel (der Begleiter)

Aus dem Kapitel «Das Nomen» weißt du schon, dass die Begleiter des Nomens mit ihrem lateinischen Namen Artikel heißen.

Artikel gehören immer zu einem Nomen (**der** Landwirt / **ein** Fußweg).
Die Artikel stehen entweder direkt **vor** dem Nomen (**der** Landwirt, **ein** Fußweg), oder zwischen Artikel und Nomen steht noch eine **nähere Bestimmung** (**der** fleißige **Landwirt** / **ein** durch Regenwetter aufgeweichter **Fußweg**).

Der bestimmte und der unbestimmte Artikel

Man unterscheidet:

bestimmte Artikel → **der** (Mann), **die** (Frau), **das** (Baby)
unbestimmte Artikel → **ein** (Mann), **eine** (Frau), **ein** (Baby)

Siehe Seite 16

Erinnere dich an das Kapitel «Das Nomen»:
Der bestimmte Artikel im **Singular** zeigt an, welches **Genus** (Geschlecht) ein Nomen hat:
der Haushund → Maskulinum
die Handtasche → Femininum
das Schlossgespenst → Neutrum
Im **Plural** haben **alle** Nomen den bestimmten Artikel «die».

So kannst du es dir gut merken:

Alle **bestimmten** Artikel beginnen mit «**d**».
Alle **unbestimmten** Artikel beginnen mit «**ei**».

Sortiere die Artikel in die richtigen Kästchen ein!

Übung 8

der – einem – den – die – eines – eine – dessen – dem – ein – des – einer – das

bestimmte Artikel:	**unbestimmte Artikel:**

Überprüfe beide Übungen mit Hilfe des Lösungsteils!

Unterstreiche die bestimmten und die unbestimmten Artikel mit den Nomen! Verwende unterschiedliche Farbstifte!

Übung 9

Eines Tages brachte der Vater aus dem Zoo ein kleines Äffchen mit nach Hause. Es hatte ein kleines, niedliches Gesichtchen, ein samtweiches Fell und große, runde Augen. Am liebsten hätte der Großvater den kleinen Affen sofort behalten und er machte auch gleich einen Plan für den Bau eines Affenställchens hinter dem Geräteschuppen. Frauke suchte schon nach einem passenden Namen, aber Froggi, der Papagei, mochte den neuen Hausgenossen überhaupt nicht leiden. Er stimmte ein fürchterliches Geschrei an, hackte eifersüchtig gegen die Stäbe des Käfigs und schleuderte wütend einen seiner Fressnäpfe auf den Fußboden. Die Mutter stellte unnachgiebig fest: «Noch ein Tier mehr kommt mir nicht ins Haus! Morgen nimmst du den Affen wieder mit in den Zoo. Zwei Zankaffen in der Wohnung reichen mir!» Meinte sie damit etwa Frauke und Friedhelm?

Stopp!

Zur Erinnerung

Alle Nomen haben einen __________ (__________).
Er gibt an, welches Geschlecht (________) ein Nomen hat.
______ gehört zu den maskulinen Nomen, ______ zu den femininen Nomen und _______ zu den sächlichen Nomen.
Im Plural haben alle Nomen den bestimmten Artikel _______

Überprüfe nun diese Erinnerung mit Hilfe des Lösungsteils!

Wenn man etwas sagt, was für den Zuhörer **neu** ist, verwendet man den **unbestimmten** Artikel.
Danach kann man im Gespräch oder in einem Text für die gleiche Sache den **bestimmten** Artikel benutzen, weil jetzt jeder weiß, was gemeint ist.

Beispiel

Der Großvater möchte **einen** Geräteschuppen bauen.	«Geräteschuppen» wird zum **ersten Mal** erwähnt.
Der Geräteschuppen soll hinter der Garage stehen.	«Geräteschuppen» wird **erneut (wiederholt)** erwähnt.
Die Planung **des** Geräteschuppens hat Opa Stolperstein selber übernommen.	

Setze den unbestimmten oder den bestimmten Artikel ein! Orientiere dich am Beispiel!

Übung 10

1. Die Mutter hat ________ neues Auto gekauft.

   ________ Auto ist ein gelbes Cabrio.

2. Frauke macht bald ________ Klassenfahrt.

   Sie freut sich sehr auf ________ Klassenfahrt.

3. Friedhelm möchte sein Zimmer mit ________ neuen Tapete verschönern.

   Er darf sich ________ Tapete auch selbst aussuchen.

4. Froggi hat ________ Grünpflanze die Blüte abgefressen.

   ________ Grünpflanze stand direkt neben seinem Käfig.

5. Friederike hat sich ________ neues Kleid gekauft.

   ________ Kleid war ziemlich teuer.

6. Der Hund ________ Kollegen ist verschwunden.

   Der Vater hilft, den Hund ________ Kollegen zu suchen.

Überprüfe nun diese Übung mit Hilfe des Lösungsteils!

Artikel verändern ihre Form (die Deklination)

Wenn das Nomen seine Form verändert, dann verändert sich auch der Artikel.

Artikel können (genauso wie die Nomen) ihre Form verändern, sie sind deklinierbar.
Wenn man ein Nomen in einem anderen **Numerus** (in einer anderen Zahlform) oder in einem anderen Kasus (in einem anderen Fall) verwendet, so verändert sich gemeinsam mit dem Nomen auch der **Artikel**:
das Glas (Singular) – **die** Gläser (Plural)
das Glas (Nominativ) – **des** Glases (Genitiv)

Übung 11 Bilde die angegebene Form!

der Papagei	→	Dativ, Plural	→	den Papageien
die Grünpflanze	→	Genitiv, Singular	→	der Grünpflanze
das Blumenbeet	→	Dativ, Plural	→	~~dem~~ n
der Hausmeister	→	Akkusativ, Singular	→	den
das Paket	→	Nominativ, Plural	→	die Pakete

Hilfe Du kannst dir für diese Übung Hilfe im Kapitel «Die vier Fälle» (Seite 20) holen.

Stopp!

Das Pronomen (das Fürwort)

Das persönliche Fürwort (das Personalpronomen)

Aufgabe

Der Hund sieht eine Wurst auf dem Tisch. Der Hund will die Wurst haben. Schnell springt der Hund auf eine Bank. Die Bank wackelt, doch die Bank fällt nicht um. Schwanzwedelnd schnappt der Hund nach der Wurst. Doch die Wurst fällt dem Hund aus der Schnauze. Der Hund hechtet hinter der Wurst her. Schmatzend verschlingt der Hund die Wurst unter dem Tisch.

Das hört sich fürchterlich an! Weißt du auch warum? Setze andere Wörter in den Text ein, um Wiederholungen zu vermeiden!

Die Wörter Hund, Bank und Wurst kommen viel zu häufig vor.

Aufgabe

Der Hund sieht eine Wurst auf dem Tisch. [Er] will [Sie] haben. Schnell springt [er] auf eine Bank. [Er] wackelt, doch [er] fällt nicht um. Schwanzwedelnd schnappt der Hund nach der Wurst. Doch [Sie] fällt [ihm] aus der Schnauze. Der Hund hechtet hinter ~~Sie~~ [ihr] her. Schmatzend verschlingt [er] [Sie] unter dem Tisch.

Der Hund sieht eine Wurst auf dem Tisch. Er will sie haben. Schnell springt er auf eine Bank. Sie wackelt, doch sie fällt nicht um. Schwanzwedelnd schnappt der Hund nach der Wurst. Doch sie fällt ihm aus der Schnauze. Der Hund hechtet hinter ihr her. Schmatzend verschlingt er sie unter dem Tisch.

Du hast gerade andere Wörter für Nomen eingesetzt.
Diese Wörter nennt man im Lateinischen Personalpronomen oder im Deutschen **persönliche Fürwörter.**

Das Wort **Pronomen** heißt übersetzt: **für ein Namenwort,** das heißt, du kannst mit Pronomen alle Namenwörter (Nomen) ersetzen.

Tipp

Kopiere und vergrößere dir die Tabelle und hänge sie an die Wand!

In der folgenden Tabelle siehst du alle Personalpronomen auf einen Blick.

Die Personalpronomen					
Singular			**Plural**		
1. Person (1. P. Sing.) Person, die von sich selbst spricht	2. Person (2. P. Sing.) Person, die angesprochen wird	3. Person (3. P. Sing.) Person oder Sache, von der gesprochen wird	1. Person (1. P. Pl.) Personen, die von sich selbst sprechen	2. Person (2. P. Pl.) Personen, die angesprochen werden	3. Person (3. P. Pl.) Personen oder Sachen, von denen gesprochen wird
ich	du	er, sie, es	wir	ihr	sie

Übung 12

Bestimme die sechs Personalpronomen!
Schreibe die Zahlen 1 bis 6 in die entsprechenden Kreise!

1	**ich** koche	◯	3. Person Plural
2	**ihr** verreist	◯	1. Person Singular
3	**er** schreibt	◯	2. Person Singular
4	**sie** fliegen	◯	3. Person Singular Maskulinum
5	**sie** reitet	◯	2. Person Plural
6	**du** lachst	◯	3. Person Singular Femininum

Überprüfe nun deine Lösungen!

Stopp!

Schluss für heute! Beginne morgen mit dem Abschnitt «Zur Erinnerung»!

Alle Nomen können durch ____________________

(____________________) ersetzt werden.

Pronomen heißt übersetzt: ____________________ .

Die Personalpronomen heißen in der richtigen Reihenfolge

im Singular er , Sie , es , ich , du

und im Plural sie , ihr , uns.

Zur Erinnerung

Überprüfe nun diese Erinnerung mit Hilfe des Lösungsteils!

Personalpronomen verändern ihre Form, wenn man sie in verschiedenen Kasus- und Numerusformen verwendet. Sie sind – wie Nomen und Adjektive – **deklinierbar**.

Übung 13

dir, ihm, ihr, uns, ihn, euch, ihm, es

Trage die richtigen Personalpronomen ein!

Opa Stolperstein will wieder einmal in seinen Garten. Er muss ein neues Beet anlegen. Natürlich will ihm keiner helfen. Friederike gibt ihm nur eine Gartenschürze, damit sie nicht so viel waschen muss. Als er Frauke bittet, die Gartengeräte zu holen, sieht sie ihn nur erstaunt an und läuft schnell zum Fahrradschuppen. Opa nimmt sich vor, ihr auch nicht mehr zu helfen.

Trage die richtigen Formen in die Tabelle ein!

Singular			**Plural**		
1. Fall Nominativ Wer oder was?	3. Fall Dativ Wem?	4. Fall Akkusativ Wen oder was?	1. Fall Nominativ Wer oder was?	3. Fall Dativ Wem?	4. Fall Akkusativ Wen oder was?
ich	mir	mich	wir	uns	uns
du	dir	dich	ihr	euch ihnen	euch
er	ihm	ihn	sie	ihnen	sie
sie	ihr	sie			
es	ihm	es			

Überprüfe nun deine Lösungen!

Stopp!

Den 2. Fall (Genitiv) können wir hier außer Acht lassen, da er kaum angewendet wird. Statt «Ich gedenke deiner» (2. Fall) sagen wir: «Ich denke an dich» (4. Fall).

Nomen kann man durch ______________________

ersetzen. Personalpronomen verändern ihre __________ ,

wenn man sie in einen anderen ______________ setzt.

Sie sind also ______________________ .

Zur Erinnerung

Überprüfe nun diese Erinnerung mit Hilfe des Lösungsteils!

Das besitzanzeigende Fürwort (das Possessivpronomen)

Beispiel

Pia hat ein neues Buch. Es ist (Pias) Buch. Es ist (ihr) Buch.

Für «Pias» setzt du «ihr» ein.

Du siehst, dass es Wörter gibt, die dir sagen, **wem etwas gehört** oder **wer etwas besitzt.** Diese Wörter nennt man deshalb **besitzanzeigende Fürwörter** oder im Lateinischen Possessivpronomen.

Zu jedem Personalpronomen gehört ein Possessivpronomen.

Wenn **ich** ein Buch habe, ist es **mein** Buch.

Hast **du** ein Buch, ist es **dein** Buch.

Übung 14 Vervollständige die Tabelle, indem du die Possessivpronomen einträgst.

Personalpronomen	Possessivpronomen	Personalpronomen	Possessivpronomen
ich		wir	
du		ihr	
er		sie	
sie			
es			

Überprüfe nun deine Lösungen!

Übung 15 Trage die richtigen **Possessivpronomen** in den Text ein!

Im Reitstall

Frauke ist wie immer nachmittags bei _____ Pferd. Alle Reiterfreunde haben schon _____ Pferde aus den Boxen geholt, um sie zu putzen. «Du kommst ja heute so spät zu _____ Schätzchen», ruft _____ Freundin Silke. «Ich hatte vergessen, _____ neuen Striegel einzustecken, deshalb musste ich noch einmal zurück.» Mittlerweile hat Frauke Manitu aus _____ Box geführt. Das Pferd reckt _____ Hals, um an einem Apfel zu naschen, der in der Stallgasse liegt. «Das ist _____ Apfel!», ruft Robert mit _____ durchdringenden Stimme. «Ich habe nur den einen für _____ Pferd.» Frauke lässt _____ Putzkasten fallen und rettet den Apfel mit einem schnellen Griff. «Wir müssen mal wieder _____ Apfelkasse auffüllen und einen ganzen Sack kaufen, dann geht keins von _____ Pferden leer aus», schlägt sie vor.

Stopp!

Das Adjektiv (das Eigenschaftswort)

Aufgabe

Förster Heise sagt zu seinen Waldarbeitern:
«Fällt den Baum!»

Jetzt kann einiges schief gehen. Warum?

Die Waldarbeiter wissen nicht, welchen der Bäume sie fällen sollen.

Der Förster muss den Baum also genauer beschreiben.
Zum Beispiel: «Fällt den **großen** Baum!»
«Fällt den **alten** Baum!»
Nun wissen die Waldarbeiter, welchen Baum sie fällen sollen.

Die **fett** gedruckten Wörter beschreiben den Baum genauer (Wie sieht er aus? Wie ist er? Welche Eigenschaften hat er?), deshalb nennt man diese Wörter **Eigenschaftswörter** oder **Wiewörter.** Im Lateinischen heißen sie Adjektive.

Mit Adjektiven werden **Eigenschaften** und **Merkmale** zum Ausdruck gebracht.
Sie antworten auf die Frage: **Wie**?
Adjektive verändern ihre Form, wenn man sie in verschiedenen Kasus- und Numerusformen verwendet. Sie sind – wie Nomen, Artikel, Pronomen usw. – deklinierbar:
ein **alter** Baum, die **alten** Männer, ein **altes** Tuch.

Hilfe

Kasus bedeutet «Fall»;
Numerus bedeutet «Zahlform».

Friedhelm Stolperstein hat Langeweile. Für seine Mitschüler denkt er sich einen Text aus. Sie sollen üben, Adjektive (Eigenschaftswörter) sinnvoll zu benutzen.

Übung 16

Lies zunächst den Text «Die Sultanstochter und der Zauberer» (unten) sorgfältig durch! Überlege dabei, an welcher Stelle die Adjektive aus dem fliegenden Teppich sinnvoll sind! Trage **erst dann** die Wörter in den Lückentext ein!

Hinweis

Adjektive werden kleingeschrieben.

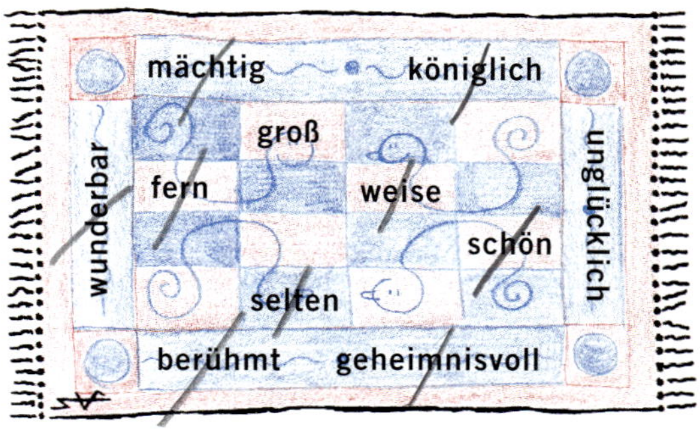

Tipp

Vergiss nicht, die Adjektive zu deklinieren, bevor du sie einsetzt. «Ein ‹groß› Apfel» ist falsch.

Überprüfe nun diese Übung mit Hilfe des Lösungsteils!

Stopp!

Schluss für heute! Beginne morgen mit dem Abschnitt «Zur Erinnerung»!

Die Sultanstochter und der Zauberer

Vor vielen hundert Jahren lebte im ~~berühmten~~ fernen Morgenland ein ________ Zauberer. Wo auch immer er hinreiste, überall musste er seine geheimnisvollen Fähigkeiten unter Beweis stellen. Seine mächtigen Zauberkräfte machten ihn schließlich überall bekannt. Sogar der mächtige Sultan hörte von ihm und bestellte ihn in seinen königlichen Palast. Des Sultans schöne Tochter litt nämlich an einer seltenen Krankheit, und keiner der weisen Ärzte hatte ihr helfen können. NOMINATIVO! Als nun der große~~n~~ Zauberer bei dem unglücklichen ________ Sultan erschien, klagte ihm dieser sein Leid…

Zur Erinnerung

Wörter wie schön, alt, ______ oder ______ nennt man im Deutschen ____________ oder ____________ .
Der lateinische Ausdruck dafür heißt ____________ .
Solche Wörter bezeichnen ____________ und ______ ____________ von Lebewesen, Dingen, Sachverhalten und Tätigkeiten. Sie antworten auf die Frage: ______ ?
Den Anfangsbuchstaben schreibt man ____________ .

Überprüfe nun diese Erinnerung mit Hilfe des Lösungsteils!

Adjektive sind leicht zu erkennen

Übung 17

Oh, alles durcheinander gewirbelt! Kreise die Adjektive ein!

einsam Baum langsam Topf lesbar wunderbar teilbar sparsam ihn artig flüssig Tasse sonderbar toben es schenken rennen Frühstück lachen lustig fleckig seltsam vor Himmel Kinder

Sieh dir die Endungen der eingekreisten Adjektive an!
Übertrage die Tabelle in dein Heft!
Ordne die Adjektive in die richtigen Spalten ein!

…sam	…ig	…bar
	lustig	

Überprüfe nun diese Übung mit Hilfe des Lösungsteils!

Du siehst, dass Adjektive bestimmte Endungen haben können. Im Beispiel stehen vier weitere.

Beispiel

nahr-	erfolg-	kind-	herr-
zahn-	laut-	krank-	gemüt-
dieb-	gefähr-	stürm-	bos-

... haft ... los
...lich ... isch

Übung 18 Übertrage die Tabelle in dein Heft! Füge die Wortstämme und die Adjektivendungen aus den Puzzleteilen zusammen! Trage die Adjektive nach Endungen geordnet in die Tabelle ein!

...haft	...los	...lich	...isch
nahrhaft	erfolglos	gemütlich gefährlich	kindisch

Überprüfe diese Übungen mit Hilfe des Lösungsteils!

Übung 19 Unterstreiche im folgenden Text alle Adjektive!

Familie Stolperstein geht aus

Eine riesige Familienfeier wird am Sonntag bei Stolpersteins reichen Verwandten stattfinden. Das niedliche Baby soll getauft werden. Alle Mitglieder der großen Familie wurden herzlich zu diesem erfreulichen Anlass eingeladen.
Bei den Stolpersteins herrscht furchtbare Aufregung wegen der feierlichen Kleidung, die natürlich erwartet wird. Mutter Friederike rauscht atemlos in ihrem eleganten Abendkleid die Treppe herunter, um ihre modebewussten Familienmitglieder um Rat zu fragen. Aber die anderen stehen selbst ratlos vor ihren weit geöffneten Kleiderschränken. Als um Mitternacht noch immer keine annehmbare Lösung gefunden ist, beschließt Opa Friedrich gnadenlos: «Wir ziehen alle schwarze Kleidung mit einem weißen Oberteil an. So etwas hat jeder in seinem Schrank. Dann gehen wir als Familie Pinguin.» Endlich können sie schrecklich müde ins Bett sinken.

Stopp!

Zur Erinnerung

Viele Adjektive erkennt man an ihren ________________

(-ig, ______ , ______ , ______ , ______ , ______ und

______).

Überprüfe nun diese Erinnerung mit Hilfe des Lösungsteils!

Adjektive kann man steigern (die Komparation)

Strecke **A**	Strecke **B**	Strecke **C**	Strecke **D**
2 cm	**2 cm**	**3,5 cm**	**4,5 cm**

Vergleiche die Strecken! Verwende das Adjektiv lang!

Aufgabe

Strecke A ist genauso __________ wie Strecke B.

Strecke C ist ______________ als Strecke B.

Strecke D ist ____________________ .

Strecke A ist genauso **lang** wie Strecke B.
Strecke C ist **länger** als Strecke B.
Strecke D ist **am längsten.**

Die folgenden Formen von «lang» waren hier einzusetzen:

lang → **Grundstufe (Positiv)**

länger → **Höherstufe (Komparativ)**

am längsten → **Höchststufe (Superlativ)**

Das sind die deutschen und lateinischen Bezeichnungen für die Vergleichsstufen.

Grundstufe
Positiv

Du benutzt die Grundstufe, den **Positiv**, wenn etwas gleich ist:
Mein Fahrrad war so **teuer** wie deins.
Oder auch verneint:
Mein Fahrrad war nicht so **teuer** wie deins.

Höherstufe
Komparativ

Du benutzt die Mehr- oder Höherstufe, den **Komparativ**, wenn etwas ungleich ist.
Mein Fahrrad war **teurer** als deins.
Dein Fahrrad war nicht **teurer** als meins.

Höchststufe
Superlativ

Du benutzt die Meist- oder Höchststufe, den **Superlativ**, für den höchsten Grad des Vergleiches.
Mein Fahrrad war **am teuersten**.
Dein Fahrrad war nicht **am teuersten**.

Adjektive kann man steigern.
Die Steigerung von Adjektiven nennt man **Komparation**.
Die Grundstufe und die beiden Steigerungsstufen (groß, größer, am größten) heißen **Vergleichsstufen**.

Übung 20 Trage in der folgenden Übung die jeweils richtige Vergleichsstufe ein!

Familie Stolperstein im Garten

Wie immer gibt es bei der Gartenarbeit __________ (groß) Missmut unter den Familienmitgliedern. Jeder meint, __________ (hart) zu arbeiten als der andere. Friedhelm mäht den Rasen. Alles, was mit Technik zu tun hat, findet er ______________ (interessant). Frauke meint, es ist ______________ (wichtig), dass das Blumenbeet

__________ (gepflegt) als sonst aussieht. Unkraut jäten findet sie __________ (anstrengend) als Rasen mähen. Das gibt schon mal einen __________ (handfesten) Streit zwischen den Geschwistern. Opa Friedrich ist nicht so __________ (berechnend) wie die Kinder. Er macht __________ (geduldig) alles, was die Tochter ihm sagt. Die __________ (schön) Beschäftigung für ihn ist jedoch, in der alten Hollywood-Schaukel zu sitzen und den Vögeln bei ihrem __________ (herrlich) Gesang zuzuhören. Da Vater Fridolin jeden Tag __________ (lang) von allen arbeitet, braucht er nur am Wochenende im Garten zu helfen.

Trage die Adjektive aus dem Text in das richtige «Siegertreppchen» ein!

Superlativ

Komparativ

Positiv

Überprüfe nun deine Lösungen!

Stopp!

Das Verb (das Tätigkeitswort)

Beispiel

Das Mädchen … und der Mann … .
Auf dem Regal … ein Männchen. Es … .
Die Tür … offen. Die Glühbirne … hell.

Diese Sätze ergeben keinen Sinn. Es fehlen wichtige Wörter. Die Bilder verraten sie dir.

Aufgabe Trage die gefundenen Wörter in die Lücken ein!

Das Mädchen ____________ und der Mann ____________ . Auf dem Regal ____________ ein Männchen. Es ____________ . Die Tür ____________ offen. Die Glühbirne ____________ hell.

Das Mädchen **liest** und der Mann **telefoniert**. Auf dem Regal **sitzt** ein Männchen. Es **regnet**. Die Tür **steht** (**ist**) offen. Die Glühbirne **leuchtet** (**brennt**) hell.

Die eingesetzten Wörter sagen dir, was jemand **tut** (der Mann telefoniert), was **passiert** (es regnet) oder in welchem **Zustand** sich etwas befindet (die Tür steht offen). Diese Wörter heißen Verben.

Man nennt sie auch **Tätigkeitswörter** oder **Zeitwörter**, denn man kann mit diesen Wörtern verschiedene Zeitformen bilden (vgl. das Kapitel «Die Zeitformen des Verbs», Seite 49).

Verben bezeichnen **Tätigkeiten** und **Handlungen**.
Sie können auch **Vorgänge** oder **Zustände** ausdrücken.
Verben werden **kleingeschrieben**.

Tipp

Das Verb heißt «einkaufen», aber «Kai kauft Brot ein». Diese Art von Verben nennt man zusammengesetzte Verben.

Friedhelm Stolpersteins Computer hat einen Tick. Er weigert sich, Verben zu drucken. Das Pfannkuchen-Rezept, das er seinem Opa aufschreiben wollte, ist deshalb kaum verständlich.

Hier sind die passenden Verben. Trage sie in die Lücken ein!

Übung 21

schmecken – entstehen – ~~füllen~~ – rühren – eignen – hineingießen – hinzufügen – gießen – schmecken – erhitzen

Zuerst *füllst* du 250 g Mehl in eine Rührschüssel und ________ zwei Eier und einen gestrichenen Teelöffel Salz ________. Anschließend ________ du mit dem Mixer einen drei viertel Liter Milch in das Mehl-Eier-Gemisch. Die Milch bitte nicht auf einmal, sondern nach und nach in die Schüssel ________ , sonst ________ Klümpchen, und das ________ nicht besonders. In einer Pfanne ________ du etwas Öl und ________ eine Kelle flüssigen Teig ________. Eine Wendeschaufel ________ sich, um Pfannkuchen umzudrehen. Die Pfannkuchen ________ besonders gut mit Marmelade oder Puderzucker.

Überprüfe nun deine Lösungen!

Die Grundform (der Infinitiv) und die Personalform (die finite Form) des Verbs

Betrachte noch einmal die Übung 21 auf Seite 43.
Im **Kasten** stehen die Verben in der Grundform (im Infinitiv).
Die Grundform ist die **unveränderte** Form des Verbs.
Sie endet immer auf «**en**» oder auf «**n**» (lauf**en**, kauf**en**, wein**en**, jammer**n**, klapper**n**).

Hinweis

Im Duden findest du Verben immer nur unter dem Infinitiv.

Im **Text** stehen die Verben in der Personalform (in der finiten Form). Die Personalform ist die **veränderte** Form des Verbs.
Sie steht immer zusammen mit einer Person (**Peter** geht, **du** gehst, **ich** gehe).

> Verben können in der **Grundform** und in der **Personalform** verwendet werden.

Übung 22

Unterstreiche die Personalformen (finiten Formen)!

> er trinkt – wimmern – sie hat geschimpft – es hagelte – kopieren – wir wandern – sie jammerte – versprechen – sie heiraten – verreisen – erledigen – er hämmert – ihr fürchtet euch – beleidigen – verirren – ich beabsichtige – du behauptest – nachgeben – einkaufen – es bedeutet

Überprüfe nun diese Übung mit Hilfe des Lösungsteils!

Tipp

Lass dir eine Liste mit Nomen aufschreiben oder stelle dir selbst eine Liste zusammen! Versuche zu jedem Nomen ein passendes Verb zu finden! Bilde Sätze!

Beispiel

> «Bild» → Das Bild **hängt** an der Wand.

Stopp!

Mit Verben (________________) bezeichnet man Tätigkeiten oder Handlungen. Man kann mit ihnen auch ausdrücken, was ____________ oder in welchem ____________ sich etwas befindet. Verben kann man in der ______________ (im Infinitiv) oder in der ________________ (in der finiten Form) verwenden. Verben schreibt man __________ .

Zur Erinnerung

Überprüfe nun diese Erinnerung mit Hilfe des Lösungsteils!

Verben werden gebeugt (konjugiert)

Bei Stolpersteins gibt es Streit darüber, wer das Mittagessen zubereiten soll.

Übung 23

Opa Stolperstein sagt zu seiner Enkelin: «Ich **koche** nur am Wochenende! Du **kochst** heute!» Frauke ist empört und zeigt auf ihren Bruder: «Er **kocht**, ich habe keine Zeit.» Friedhelm fällt sofort eine Ausrede ein: «Mama kennt sich am besten mit Nudeln aus. Sie **kocht**!» – «Es **kocht** derjenige», beschließt der Vater, «der am meisten Hunger hat.» Der Mutter fällt ein Stein vom Herzen: «Dann **kochen** wir alle!» Frauke ist begeistert: «Das ist eine gute Idee. Ihr **kocht** und ich gehe zu meinem Pferd.» Und was ist das Ende vom Lied? Sie **kochen** überhaupt nicht, sondern gehen alle in die Pizzeria.

Trage das Verb «kochen» mit den richtigen Personalpronomen aus dem Text in die Tabelle ein!
Unterstreiche jeweils den Teil des Verbs, der sich verändert!

Singular		Plural	
1. Person	ich koch<u>e</u>	1. Person	
2. Person		2. Person	
3. Person Maskulinum		3. Person	
3. Person Femininum			
3. Person Neutrum			

Überprüfe nun deine Lösungen!

Wenn man die verschiedenen Personalformen des Verbs bildet (ich koche, du kochst...), **verändert** sich seine Form. Man sagt, Verben werden **gebeugt** oder konjugiert. Verben bilden die einzige Wortart, die **konjugierbar** ist. Das Nomen dazu heißt **Konjugation** (Konjugation [Beugung] des Verbs). Die konjugierte Form des Verbs zeigt an, welche Person etwas **tut** (**ich** oder **du**) und wie viele Personen etwas **tun** (nur ich **allein** oder ihr **alle**).

Hinweis

Die 1. und die 3. Person Plural haben die gleichen Endungen wie der Infinitiv. (Infinitiv: geh**en** – 1. Person Plural: **wir** geh**en** – 3. Person Plural: **sie** geh**en**)

Übung 24

Konjugiere das Verb «arbeiten» in der Tabelle! Unterstreiche die Personalendungen! Trenne Verbstamm und Personalendung durch einen Strich voneinander ab!

Überprüfe deine Lösungen!

Infinitiv: arbeiten	Verbstamm / Personalendung
1. Person Singular	ich arbeit / e
2. Person Singular	du arbeit / est
3. Person Singular Maskulinum	er
3. Person Singular Femininum	sie
3. Person Singular Neutrum	es
1. Person Plural	wir
2. Person Plural	ihr
3. Person Plural	sie

Übung 25 Zeichne dir die Tabelle aus Übung 24 **dreimal** in dein Heft! Konjugiere die folgenden Verben!

fahren – singen – rudern

Überprüfe nun diese Übung mit Hilfe des Lösungsteils!

Trage die Formen in die Tabellen ein! In dieser Übung trennst du den Verbstamm und die Personalendung nicht.

Stopp!

Schluss für heute! Beginne morgen mit dem Abschnitt «Zur Erinnerung»!

Zur Erinnerung

Verben sind in ihrer Form veränderbar (________________ ________). Die konjugierte Form des Verbs nennt man auch ________________________ oder ____________ _________ . Sie zeigt an, welche Person (1. Person: __________ oder __________ , 2. Person: ______ oder _________ , 3. Person: ______ , ______ , ______ oder ______) und wie viele Personen (_____________ oder _____________) etwas tun.

Überprüfe nun diese Erinnerung mit Hilfe des Lösungsteils!

Die Zeitformen des Verbs (die Tempusformen)

Welche Zeitangabe gehört zu welchem Satz? Setze ein!

Aufgabe

Ich **gehe** __________ zum Spielplatz.

Ich **ging** __________ zum Spielplatz.

Ich **werde** __________ zum Spielplatz **gehen**.

morgen
heute
gestern

Ich gehe **heute** zum Spielplatz. Ich ging **gestern** zum Spielplatz. Ich werde **morgen** zum Spielplatz gehen.

Erinnere dich: Die **finite Verbform** (Personalform oder konjugierte Form des Verbs) zeigt dir,

1. **welche Person** etwas tut (→ ich / 1. Person) und
2. **wie viele** es sind (nur ich allein → Singular).

Du siehst an dem Beispiel, dass das Verb dir auch noch zeigt,

3. **wann** oder zu welchem **Zeitpunkt** etwas geschieht.

Hilfe

Siehe Seite 44

Man unterscheidet drei Zeitstufen .

Ein Geschehen, das schon vorbei ist, liegt in der Vergangenheit.	Etwas, das gerade geschieht, liegt in der Gegenwart.	Etwas, was erst noch geschehen wird, liegt in der Zukunft.

Stopp!

Schluss für heute! Beginne morgen mit dem Abschnitt «Zur Erinnerung»!

Zur Erinnerung

Etwas, das bereits geschehen ist, liegt in der ______________________ . Etwas, das gerade geschieht, liegt in der ______________________ . Etwas, das noch geschehen wird, liegt in der ______________________ .
Die Form eines Verbs drückt aus, zu welcher ____________ ein Geschehen gehört.

Überprüfe nun diese Erinnerung mit Hilfe des Lösungsteils!

Die Gegenwart (das Präsens), die Vergangenheit (das Präteritum), die Zukunft (das Futur)

Die Gegenwart (das Präsens)

Betrachten wir zunächst die Gegenwartsform (das Präsens). Stell dir einen Mann vor, der telefoniert.

Beispiel

Der Mann **telefoniert** gern.	Er **telefoniert** gerade mit seinem Vater.	Morgen **telefoniert** er mit seiner Tante in Amerika.
Dieser Satz drückt aus, dass etwas immer gilt, d. h., etwas ist **allgemein gültig.** (Der Mann telefoniert immer gern: gestern, heute, morgen.) ↓ Allgemeingültiges	Dieser Satz drückt aus, dass das Geschehen in der **Gegenwart** abläuft. (Der Mann telefoniert gerade jetzt, in diesem Augenblick.) ↓ Gegenwärtiges	Dieser Satz drückt aus, dass etwas erst noch in der **Zukunft** geschehen wird. (Der Mann telefoniert erst morgen, nicht heute.) ↓ Zukünftiges

In diesen Fällen steht das Verb in der **Gegenwartsform.**
Man nennt diese Form **Präsens.**
Man sagt: Das Präsens ist eine Zeitform (**Tempusform**).

Übung 26

In der folgenden Übung stehen die Verben im **Präsens** (in der Gegenwart).
Unterstreiche die Verben! Entscheide, ob es sich in den Sätzen
- um allgemein gültige Aussagen handelt (**A**),
- um etwas handelt, das in der Gegenwart geschieht (**G**),
- um etwas handelt, das erst in der Zukunft geschieht (**Z**).

Schreibe in die Kästchen, welche der drei Punkte (**A**, **G** oder **Z**) zutreffen!

Fridolin Stolperstein fährt täglich mit dem Fahrrad zur Arbeit. ☐ Heute nimmt er allerdings den Bus, denn es regnet in Strömen. ☐ Morgen scheint hoffentlich wieder die Sonne. ☐ Frauke sitzt heute ausnahmsweise mal an ihrem Schreibtisch. ☐ Ansonsten verbringt sie ihre Zeit nur mit ihren Pferden. ☐ Wie sieht wohl am Ende des Schuljahres das Zeugnis aus? ☐
Seit Jahren hängt das alte Familienfoto unbeachtet im Flur des Hauses. ☐ Jetzt beim Putzen betrachtet Friederike es genauer und beschließt: ☐ «Morgen kaufe ich einen neuen Rahmen.» ☐

Überprüfe nun diese Übung mit Hilfe des Lösungsteils!

Die Vergangenheit
(das Präteritum)

Beispiel

In der letzten Woche telefonierte der Mann allerdings überhaupt nicht.

Dieser Satz drückt aus, dass das Geschehen in der Vergangenheit liegt. Es ist schon länger her.

↓

Vergangenes

In diesem Fall steht das Verb in der **Vergangenheitsform**. Man nennt diese Form Präteritum.

Stopp!

Schluss für heute! Beginne morgen mit dem Abschnitt «Zur Erinnerung»!

Zur Erinnerung

Mit der Gegenwartsform (__________) kann man Verschiedenes ausdrücken: Ein Geschehen läuft in der __________ ab, etwas ist __________ __________ oder etwas geschieht erst noch in der __________ .

Wenn man etwas ausdrücken will, was in der Vergangenheit liegt, also schon vorbei ist, dann verwendet man die Vergangenheitsform (__________).

Überprüfe nun diese Erinnerung mit Hilfe des Lösungsteils!

Konjugiere die Verben im Präsens (Gegenwart) und im Präteritum (Vergangenheit) für **alle** Personalpronomen (hier fehlen noch einige)! Übertrage die Tabelle in dein Heft!

Übung 27

Infinitiv: zeigen		Infinitiv: fangen	
Präsens	**Präteritum**	**Präsens**	**Präteritum**
ich *zeige*	ich *zeigte*	ich *fange*	ich *fing*
du *zeigst*	du	du	du
er	er	er	er

Überprüfe nun diese Übung mit Hilfe des Lösungsteils!

Tipp

Wenn es dir schwer fällt, das Präteritum zu bilden, denk dir einfach einen Satz aus, der mit «Gestern…» oder «Letzte Woche…» anfängt und das Verb enthält. (Beispiel: **Gestern zeigte** ich meinem Freund meine Geburtstagsgeschenke.) Du kommst so automatisch auf die Vergangenheitsform (Präteritum).

Das Präteritum verwendet man, wenn man über etwas Vergangenes **berichtet** oder etwas **erzählt**. Dieses Tempus (diese Zeitform) findet man deshalb häufig in **Texten** (z. B. in Märchenbüchern, Abenteuerromanen oder Zeitungen), das heißt in der **geschriebenen** Sprache. In Unterhaltungen, also in der **gesprochenen** Sprache, benutzt man das Präteritum seltener.

Übung 28 Unterstreiche in beiden Texten die Verben!

Überprüfe deine Lösungen! Setze sie ins Präsens oder ins Präteritum! Du brauchst nur das Verb mit dem Personalpronomen aufzuschreiben!

Präteritum	Präsens
Früher kletterte Frauke gern auf Bäume, lief durch Pfützen, matschte im Schlamm. Überhaupt tobte sie wie ein kleiner Junge. Natürlich bekam sie immer wieder blaue Flecke, weil sie ständig von irgendeiner Schaukel fiel oder von einer Mauer stürzte. Ständig war sie in Bewegung, hüpfte auf einem Fuß, machte einen Handstand und rutschte das Treppengeländer herunter.	Noch heute **klettert** Frauke… sie läuft, sie matscht, __________ __________ __________ __________ __________

Präteritum	Präsens
Damals **war** Frauke … __________ __________ __________ __________ __________ __________ __________	Auch heute ist Frauke noch nicht viel anders: Sie liebt lässige Kleidung und trägt am liebsten alte Jeans. In ihrem Zimmer verbringt sie nicht viel Zeit, sie tobt lieber draußen herum. Manchmal kommt sie mit ihrem Bruder ganz gut zurecht, dann spielen sie zusammen und machen allerlei Unsinn. Oft ärgert sie ihn aber auch und handelt nicht gerade wie eine liebe Schwester. Der arme Friedhelm hat es nicht leicht mit ihr.

Stopp!

Mit der Vergangenheitsform (______________________)

erzählt oder berichtet man über etwas Vergangenes.

Diese Zeitform wird vor allem in der ________________

________ Sprache verwendet.

Zur Erinnerung

Überprüfe nun diese Erinnerung mit Hilfe des Lösungsteils!

Die Wahrsagerin sieht in die Zukunft. Sie sagt voraus:

Die Zukunft (das Futur)

Beispiel

Er (wird) wieder (anrufen).

Dieser Satz drückt aus, dass das Geschehen in der **Zukunft** liegt. Es wird erst noch eintreten.

↓

Zukünftiges

In diesem Fall steht das Verb in der Zukunftsform.
Man nennt diese Form **Futur**.

Erinnere dich: Wenn man etwas ausdrücken will, was erst noch passieren wird, kann man auch das **Präsens** (die Gegenwart) verwenden. In diesen Fällen steht aber meistens eine **Zeitangabe** dabei (z. B. demnächst, morgen, in zwei Jahren…).

Hilfe

Siehe Seite 50

Wenn man sagen will, dass etwas in der **Zukunft** geschehen wird, kann man:

Beispiel

eine **Zeitangabe** mit dem **Präsens** verwenden	das **Futur** benutzen
Morgen überprüfe ich das noch einmal.	**Ich werde das noch einmal überprüfen.**

Übung 29

Bilde von folgenden Verben das Präsens, das Präteritum und das Futur! Setze für jedes neue Verb ein neues Personalpronomen ein! Verwende alle Personalpronomen (ich, du, er…) der Reihe nach! Schreibe die Formen untereinander in dein Heft!

Hilfe

Hast du die Personalpronomen noch im Kopf? Siehe Seite 30.

verreisen – rudern – diktieren – lächeln – tanzen – tapezieren – marschieren – weglaufen

Beispiel

ich verreise – ich verreiste – ich **werde** verreisen
du ruderst – …

Überprüfe nun diese Übung mit Hilfe des Lösungsteils!

Das Futur bildet man aus
- einer Personalform von «**werden**» (ich werde, du wirst, er wird …)
- und dem Infinitiv des Verbs.

Uns hilft «werden», das Futur zu bilden. Man nennt es deshalb Hilfsverb.

Übung 30

Unterstreiche nur die Verben, die im **Futur** stehen!
Unterstreiche das **Hilfsverb** und das **Verb** mit unterschiedlichen Farben!

«Später wirst du bestimmt einmal den Nobelpreis bekommen», sagt Frauke zu ihrem Bruder. «Eines Tages machst du bestimmt eine große Entdeckung, weil du so schlau bist.» Friedhelm prahlt: «Ich werde eine großartige Maschine erfinden. Seit mindestens einem Jahr denke ich schon darüber nach. Ich plane nämlich den Bau einer Schularbeitenmachmaschine. Die Schüler aus aller Welt werden mir Dankesbriefe schreiben und auf jedem Schulhof wird ein Denkmal von mir stehen. Die Kinder werden keine Probleme mit der Maschine haben, denn es wird alles ganz einfach gehen. Oben schmeißt man das Heft hinein und unten kommen die fertigen Aufgaben heraus. Dir werde ich natürlich das erste Exemplar meiner einmaligen Maschine verkaufen.» Frauke zweifelt noch etwas. «Ob ihr es glaubt oder nicht, ich werde es bestimmt schaffen», denkt sich Friedhelm bockig.

Überprüfe nun diese Übung mit Hilfe des Lösungsteils!

Stopp!

Schluss für heute! Beginne morgen mit dem Abschnitt «Zur Erinnerung»!

Zur Erinnerung

Mit der Zeitform __________ (__________) drückt der Sprecher aus, dass etwas noch geschehen wird.

Diese Zeitform wird gebildet aus einer gebeugten Form (________________) von __________ und dem ______________ des Verbs.

Dabei ist «werden» ein ______________ .

Überprüfe nun diese Erinnerung mit Hilfe des Lösungsteils!

Die vollendete Gegenwart (das Perfekt), die vollendete Vergangenheit (das Plusquamperfekt)

Hilfe

Siehe Seite 53

Erinnere dich: Mit dem Präteritum drückst du etwas Vergangenes aus. Du kannst dafür aber auch die vollendete Gegenwart benutzen, das Perfekt.

Wenn du über etwas Vergangenes **sprichst**, benutzt du häufig das Perfekt.
Gestern **bin** ich im Kino **gewesen**.
Gestern **habe** ich keine Hausaufgaben **gemacht**.

Um das Perfekt zu bilden, benötigt man die Hilfsverben «**sein**» oder «**haben**».

Das Präteritum verwendet man meist in Texten (in der geschriebenen Sprache).

Das Perfekt wird gebildet aus einer finiten Form der Hilfsverben «**sein**» oder «**haben**» und dem **Partizip Perfekt des Verbs.**

Beispiel

Infinitiv: sein	**Infinitiv: haben**
ich bin gelaufen du bist gelaufen er sie ist gelaufen …	ich habe gesehen du hast gesehen er sie hat gesehen …
finite Form des Hilfsverbs «sein»	**finite Form des Hilfsverbs «haben»**
Partizip Perfekt des Verbs (Form mit «ge»)	**Partizip Perfekt des Verbs (Form mit «ge»)**

Übung 31

Konjugiere die folgenden Verben (bilde zu jedem Verb alle Personalformen) im Perfekt!

springen – wissen – rudern – singen

Überprüfe nun diese Übung mit Hilfe des Lösungsteils!

Stopp!

Schluss für heute! Beginne morgen mit dem Abschnitt «Zur Erinnerung»!

Zur Erinnerung

Das Perfekt (______________________________)
wird gebildet aus der ____________ Form der Hilfsverben ____________ oder ____________ und aus dem ____________ ____________ des Verbs. Es wird vor allem in der ____________ ____________ verwendet, um etwas Vergangenes auszudrücken.

Überprüfe nun diese Erinnerung mit Hilfe des Lösungsteils!

Hilfe

Siehe Seite 58

Erinnere dich: Es gibt **drei Hilfsverben** → sein – haben – werden. «Sein» und «haben» helfen dir auch, die vollendete Vergangenheit zu bilden, das Plusquamperfekt.

Das Plusquamperfekt verwendet man, wenn ein Geschehen in der Vergangenheit bereits **abgeschlossen** war, als etwas anderes anfing. Das Plusquamperfekt benutzt man meistens zusammen mit dem Präteritum.

Beispiel

Gestern telefonierte ich.
Nachdem ich **telefoniert hatte** (Plusquamperfekt), **las** ich die Zeitung (Präteritum).

Du siehst, das Telefonieren war bereits abgeschlossen, als das Zeitunglesen anfing.

Beispiel

Infinitiv: sein			Infinitiv: haben		
ich	war	gelaufen	ich	hatte	gesehen
du	warst	gelaufen	du	hattest	gesehen
er	war	gelaufen	er	hatte	gesehen
sie	…		sie	…	
	Präteritum des Hilfsverbs «sein»	Partizip Perfekt des Verbs (Form mit «ge»)		Präteritum des Hilfsverbs «haben»	Partizip Perfekt des Verbs (Form mit «ge»)

Übung 32

Konjugiere die Verben aus Übung 31 im Plusquamperfekt!

Überprüfe nun diese Übung mit Hilfe des Lösungsteils!

Stopp!

Lernposter: Das Verb

1 Das Verb bezeichnet **Tätigkeiten** und **Handlungen**. Es drückt **Vorgänge** und **Zustände** aus. **2** Verben werden **kleingeschrieben**.

3 Verben werden **konjugiert** (Konjugation des Verbs). **4** Es gibt **einfache** (kaufen) und **zusammengesetzte** (einkaufen) Verben.

Formen des Verbs

Infinitiv

Grundform des Verbs
- unveränderte Form (laufen)
- Endung auf «en» oder «n» (laufen / jammern)

finite (konjugierte) Form

Personalform des Verbs
- veränderte Form (ich laufe)
- Bezeichnet die Person und die Zahl (ich laufe, wir laufen)

Hilfsverben

sein (ich bin)
haben (ich habe)
werden (ich werde)

Zeitformen (Tempusformen)

Präsens (Gegenwart) verweist auf:
- Gegenwärtiges (Heute **ist** es heiß.)
- Allgemeingültiges (Die Sonne **geht** im Osten auf.)
- Zukünftiges (Morgen **komme** ich.)

(Gebildet mit dem Verb → einfache Zeitform)

Präteritum (Vergangenheit) verweist auf:
- Vergangenes (Früher **spielte** ich gern mit Puppen.)

(Gebildet mit dem Verb → einfache Zeitform)

Futur (Zukunft) verweist auf:
- Zukünftiges (Später **werde** ich viel **reisen**.)

(Gebildet mit einer Form des Hilfsverbs «werden» und dem Infinitiv des Verbs → zusammengesetzte Zeitform)

Perfekt (vollendete Gegenwart) verweist auf:
- Vergangenes (Ich **habe** Kuchen **gegessen**.)

(Gebildet mit einer Form des Hilfsverbs «sein» oder «haben» und dem Partizip Perfekt des Verbs → zusammengesetzte Zeitform)

Plusquamperfekt (vollendete Vergangenheit) verweist auf:
- Vergangenes (Ich **hatte** das Geld **vergessen**.)

(Gebildet mit dem Präteritum des Hilfsverbs «sein» oder «haben» und dem Partizip Perfekt des Verbs → zusammengesetzte Zeitform)

Die Partikeln
(Wörter, die man nicht verändern kann)

Die Präposition (das Verhältniswort)

Wo ist das Männchen? Vervollständige die Sätze! **Aufgabe**

Es sitzt ________ dem Koffer.

Es springt ________ die Luft.

Es sitzt ________ dem Schreibtisch.

Es steht ________ dem Spiegel.

Es versteckt sich ________ der Decke.

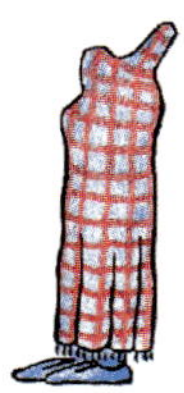

Es steht ________ dem Kartoffelsack.

Es sitzt **auf** dem Koffer. Es steht **vor** dem Spiegel. Es sitzt **an** dem Schreibtisch. Es springt **in** die Luft. Es versteckt sich **unter** der Decke. Es steht **neben** dem Kartoffelsack.

Die eingesetzten Wörter zeigen, in welcher **Beziehung** (in welchem Verhältnis) die Dinge oder Personen (z. B. das Männchen und der Schreibtisch) zueinander stehen. Das Männchen sitzt **an** dem Tisch und nicht **neben** oder **unter** dem Tisch. Diese Wörter nennt man **Verhältniswörter** oder Präpositionen.

Präpositionen (Verhältniswörter) drücken aus, in welcher Beziehung
- Dinge (der Stift liegt **unter** dem Tisch),
- Personen (die Frau steht **neben** dem Mann) oder
- Dinge und Personen (das Kind sitzt **auf** dem Stuhl)

zueinander stehen. Präpositionen kann man nicht verändern, das heißt, sie sind **nicht deklinierbar**.

Übung 33 Der folgende Text klingt lustig, denn hier hat jemand die falschen Präpositionen verwendet.
Streiche die falschen Präpositionen (Verhältniswörter) durch! Schreibe die richtigen darüber! Benutze die Präpositionen unter dem Kasten!

Familie Stolperstein will heute unter der Terrasse grillen. Fridolin holt den Grill in dem Keller und Frauke stellt die Teller über den Tisch. Der Opa nascht schon mal ein bisschen vor dem Kräuterbrot und gießt sich ein Bier zwischen sein Glas. In der Hauswand hat sich der Hund versteckt und wartet geduldig, bis das erste Stückchen Fleisch um dem Grill liegt. Als ihm der köstliche Duft zu die Nase zieht, schießt er blitzschnell gegen seinem Versteck hervor, springt zwischen die Luft und schnappt sich den Leckerbissen direkt hinter dem Grill. Schuldbewusst läuft er durch sein Körbchen und verzehrt seine Beute für Genuss.

Überprüfe nun deine Lösungen!

aus · in · hinter · von · von · auf · in · auf · aus · auf · mit · in · in

Stopp!

Schluss für heute!

Die ______________________ (Verhältniswörter) bezeichnen die Beziehung zwischen Personen und Dingen. Verhältniswörter kann man nicht ______________ (______________).

Zur Erinnerung

Überprüfe nun diese Erinnerung mit Hilfe des Lösungsteils!

Die Konjunktion (das Bindewort)

Trage die passenden Konjunktionen in die Lücken ein!

Aufgabe

Es regnet, ____________ ziehen wir Gummistiefel an.

Suse hat Bauchschmerzen, ____ sie zu viel Obst gegessen hat.

Tom lernt Vokabeln, ________ er einen guten Test schreibt.

Ich bin glücklich, ____________ ich lange schlafen kann.

Mutti kauft ein ________ mein Bruder mäht den Rasen.

Vera ______________ Kim spielt heute mit mir Tennis.

wenn

oder

deshalb

und

damit

weil

Es regnet, **deshalb** ziehen wir Gummistiefel an.
Suse hat Bauchschmerzen, **weil** sie zu viele Äpfel gegessen hat.
Tom lernt Vokabeln, **damit** er einen guten Englischtest schreibt.
Ich bin glücklich, **wenn** ich lange schlafen kann.
Mutti kauft ein **und** mein Bruder mäht den Rasen.
Vera **oder** Kim spielt heute mit mir Tennis.

Mit den Wörtern in den roten Kästen kannst du zwei Aussagen oder zwei Satzglieder miteinander verbinden, deshalb nennt man sie Bindewörter oder im Lateinischen Konjunktionen.

Mit einer Konjunktion kannst du zwei Aussagen oder zwei Satzglieder miteinander verbinden. Konjunktionen kann man **nicht deklinieren** (beugen).

In der folgenden Darstellung siehst du weitere Konjunktionen. Sie verbinden (wie eine Kupplung) zwei Aussagen oder zwei Satzglieder.

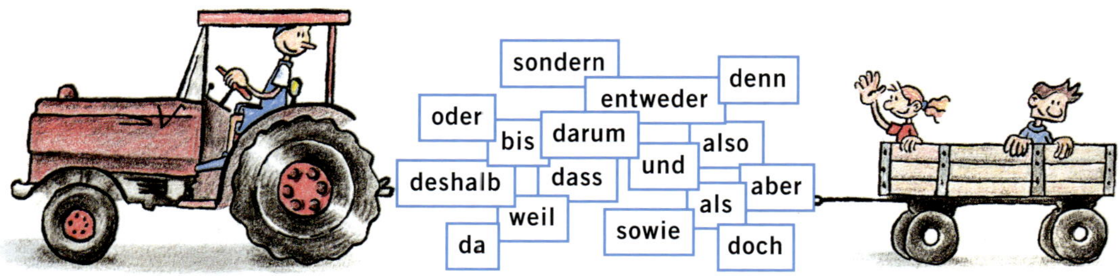

Übung 34 Trage im folgenden Text sinnvolle Konjunktionen ein!

Vater Stolperstein will wie immer mit dem Fahrrad zur Arbeit fahren, ________ es gießt in Strömen. Frauke ________ Friedhelm müssen auch in die Schule, ________ entschließt sich Friederike, alle mit dem Auto hinzubringen. Opa Friedrich soll so lange das Haus hüten. ______ sie einsteigen wollen, fällt Frauke ein, _______ sie ihr Schminktäschchen im Bad vergessen hat. Alle warten geduldig, _______ sie wiederkommt. ______ Friederike losfahren will, ruft Friedhelm aufgeregt: «Warte! Ich habe mein Mathebuch _______ meine Federtasche vergessen.» Langsam reicht es der Mutter, ________ auch sie muss pünktlich in der Schule sein. « ________ ich fahre jetzt sofort los ________ ihr steigt alle wieder aus!», schimpft sie. ______ niemand antwortet, gibt sie Gas.

Stopp!

Schluss für heute!

Zur Erinnerung

Wörter, mit denen man zwei Aussagen oder Satzglieder verbinden kann, nennt man ______________________ (______________________). Man kann sie nicht ______________________ (______________).

Überprüfe nun diese Erinnerung mit Hilfe des Lösungsteils!

Das Adverb (das Umstandswort)

Aufgabe

Streiche die Wörter, die nicht passen!

Meine Eltern fahren **weil – heute – vor** mit mir in den Zoo.
Wir wollen uns **dort – und – aus** alle Tiere anschauen.
An einem Wochentag fahren wir **vor – obwohl – bestimmt** mit dem Zug.
Oder – sonst – im verlieren wir im Berufsverkehr viel Zeit.

Meine Eltern fahren **heute** mit mir in den Zoo. Wir wollen uns **dort** alle Tiere anschauen. An einem Wochentag fahren wir **bestimmt** mit dem Zug. **Sonst** verlieren wir im Berufsverkehr viel Zeit.

Die Wörter, die übrig geblieben sind, heißen im Deutschen **Umstandswörter** oder im Lateinischen Adverbien.

Adverbien geben unterschiedliche Umstände an. Man kann sie – wie Präpositionen und Konjunktionen – bis auf wenige Ausnahmen (z. B. oft) nicht verändern.
Beispiel: Das Wort «heute» kannst du nicht steigern, du kannst keinen Plural bilden, du kannst es auch nicht in eine andere Zeitform setzen.
Im Gegensatz zu diesen zwei Wortarten treten Adverbien oft als eigenständiges Satzglied auf.

In den Kästen findest du weitere Adverbien, geordnet nach Ort, Zeit, Art und Weise und Grund.

Beispiel

Adverbien des Ortes	Adverbien der Zeit	Adverbien der Art und Weise	Adverbien des Grundes
Wo?	**Wann?**	**Wie?**	**Warum?**
links	jetzt	auch	meinetwegen
hin	nun	irgendwie	sonst
her	immer	fast	damit
fort	nie	genauso	deshalb
herum	dann	gar	folglich
darin	sofort	sehr	demnach
dorthin	bald	besonders	doch
beiseite	gestern	überhaupt	dazu
abwärts	bisher	etwa	darum
aufwärts	gleich	teilweise	nämlich
drüben	zuerst	einigermaßen	also
da (dort)	einmal	vielleicht	trotzdem
nebenan	morgen	leider	dadurch

Übung 35 Unterstreiche im folgenden Text alle Adverbien!

Heute räumt Vater Stolperstein die Gerümpelkammer hinter dem Heizungskeller auf. Beim Betreten des Raumes bekommt er fast einen Herzschlag. Überall liegen massenweise leere Flaschen und Zeitungen. «Die müssen sofort zum Container, sonst können wir hier bald die Tür zumauern!», ordnet Fridolin streng an. Ausnahmsweise hilft ihm sein Sohn Friedhelm heute einmal bei der Aktion. Endlich ist der Keller einigermaßen entrümpelt und die Familie kann ihn nun wieder zum Abstellraum machen.

Überprüfe nun deine Lösungen!

Stopp!

Schluss für heute!

Lernposter: Die Wortarten

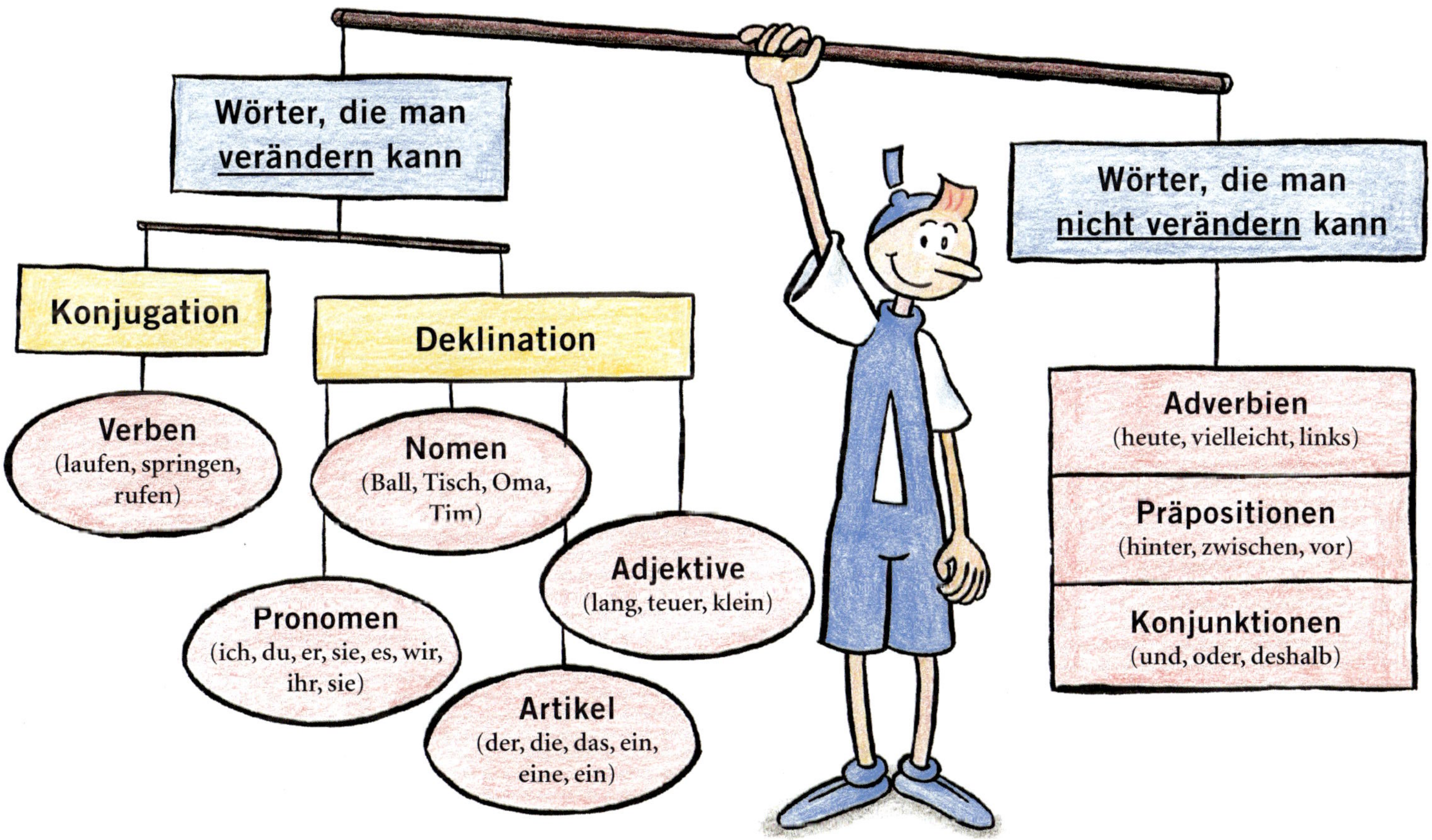

Kopiere und vergrößere dir die Übersicht auf DIN-A3-Format und hänge sie über deinen Schreibtisch an die Wand!

Wiederholungsübungen

1. Wiederholung

Du hast das Buch fertig bearbeitet. Jetzt hast du zwei Wochen Pause. Trage das Datum des Tages, an dem du mit den Wiederholungsübungen anfangen wirst (heute in zwei Wochen), in die Tabelle «1. Wiederholung» und in deinen Kalender (oder den deiner Eltern) ein! Hake dann alle Übungen, die du erledigt hast, nach und nach in der Tabelle ab! Überprüfe anschließend deine Lösungen!

Bearbeite pro Tag zwei Übungen!

1. Wiederholung	Beginn: ______				
W 1	W 2	W 3	W 4	W 5	W 6

1.W 1 Bestimme den Kasus (Fall) der unterstrichenen Wörter! Schreibe ihn unter das Wort!

Jeden Morgen schließt unser Hausmeister den Kindern den Fahrradstand auf.

Die Kinder bringen ihre Fahrräder in den Unterstand.

Eines Morgens war der Schlüssel des Hausmeisters nicht aufzufinden.

Die Kinder entdeckten den Schlüssel und brachten ihn dem Hausmeister.

Schreibe die richtige Verbform auf! 1.W2

3. Person Singular (Maskulinum), Futur (haben) er wird haben
1. Person Singular, Plusquamperfekt (ausgehen) ________
2. Person Plural, Präsens (heiraten) ________

Suche jeweils die richtige Konjunktion aus der Klammer heraus und setze sie in die Lücke ein! 1.W3

Peter konnte nicht in die Schule gehen, ______ er sich das Bein gebrochen hatte.
(obwohl, falls, weil, denn, aber)

______ wir Ferien kriegen, fahre ich mit meinen Eltern in den Urlaub.
(und, obwohl, wenn, trotz, dass)

Mutter geht noch schnell einkaufen, ______ der Laden schließt.
(bevor, wie, oder, nachdem, falls)

Setze in die Lücken auf der einen Seite den bestimmten und auf der anderen Seite den unbestimmten Artikel ein! 1.W4

bestimmter Artikel	unbestimmter Artikel
______ Schüler kann ______ Handstand nicht ohne ______ Hilfestellung ______ Lehrers ausführen. ______ Unglück ereignete sich auf ______ Schulhof.	______ Schüler kann ______ Handstand nicht ohne ______ Hilfestellung ______ Lehrers ausführen. ______ Unglück ereignete sich auf ______ Schulhof.

1.W5 Sortiere in die richtigen Spalten ein!

in – groß – niemals – heute – dick – vielleicht – auf – unter – hinter – klug – listig – oben – damals – vor		
Adjektiv	**Präposition**	**Adverb**

1.W6 Steigere die Adjektive! Schreibe die drei Vergleichsstufen auf!

billig: ______________________

geschickt: ______________________

dünn: ______________________

nett: ______________________

2. Wiederholung

Jetzt hast du die «1. Wiederholung» beendet. Du hast nun vier Wochen Pause. Trage das Datum des Tages, an dem du mit der «2. Wiederholung» anfangen wirst (heute in vier Wochen), unten in die Tabelle und in deinen Kalender (oder den deiner Eltern) ein! Verfahre dann genauso wie bei der 1. Wiederholung!

Bearbeite diese fünf Übungen in zwei Tagen!

2. Wiederholung Beginn: ______________				
W 1	W 2	W 3	W 4	W 5

Bestimme die Wortarten! Benutze keine Abkürzungen! 2.W1

Bei		einen	
unserem		dicken	
Sportfest		Gips	
fiel		bekommen	
Peter		hatte,	
gestern		kam	
vom		er	
Reck.		heute	
Obwohl		in	
er		die	
im		Schule	
Krankenhaus		gehumpelt.	

Eines der vier Wörter passt jeweils nicht in die Reihe. 2.W2
Streiche es durch! Schreibe auf die Linie, was die drei anderen Nomen gemeinsam haben.

Peter – Susanne – ~~die Blumen~~ – Lena *Die Nomen sind Eigennamen.*

Angst – Keks – Liebe – Spannung ______________________

der Mann – der Tisch – der Arzt – die Tür ______________________

des Buches – dem Kissen – des Fensters – der Oma ______________________

Etui – Heft – Mut – Tasche ______________________

die Tasse – das Tal – das Baby – das Fieber ______________________

der Ring – die Mühle – die Kette – die Rede ______________________

2.W3 Setze den folgenden Satz in alle Zeitformen, die du kennst! Schreibe den lateinischen Ausdruck der Zeitform in die Klammer!

Ich (schreiben) meiner Freundin einen Brief.

____ (__________)

____ (__________)

____ (__________)

____ (__________)

____ (__________)

2.W4 Suche den richtigen Artikel und die richtige Form des Nomens!

Tipp
Überlege dir Fragen!

Nachbar:	Plural, Dativ	den	Nachbarn
Bäcker:	Singular, Genitiv	_____	__________
Gerüst:	Plural, Nominativ	_____	__________
Hand:	Singular, Akkusativ	_____	__________

2.W5 Vervollständige die folgenden Sätze! Trage eine sinnvolle Konjunktion ein!

Andreas verließ die Klasse, __________ es noch nicht geklingelt hatte.

In der Schule war es heute schön, __________ wir ein Eis bekommen haben.

Franziska benutzt ihre Brille, __________ sie das Tafelbild besser lesen kann.

Die Lehrer wissen, __________ die Kinder gern hitzefrei haben möchten.

Eine gute Vorbereitung: Eine Klassenarbeit zum Üben

Nicht gleich anfangen! Wenn der Aufgabenzettel ausgeteilt ist, solltest du auf keinen Fall sofort zu arbeiten beginnen, sonst gehen dir vielleicht wichtige mündliche Hinweise verloren, die der Lehrer gibt. Solche Hinweise schreibst du nicht auf irgendeinen Zettel, sondern gleich auf das Aufgabenblatt.

Alles durchlesen! Lies die Aufgabenstellung sorgfältig Wort für Wort durch und markiere mit dem Farbstift wichtige Stellen des Arbeitsauftrages. Bei jeder Aufgabe solltest du genau überlegen: Was ist gegeben – was ist verlangt?

Einfälle sofort stichwortartig notieren! Was dir bereits beim Lesen zur Aufgabenlösung einfällt, notiere gleich auf dem Blatt neben der Aufgabe – und zwar leserlich.

Die Zeit einteilen! Teile die Zeit entsprechend der Anzahl der Aufgaben ein. Solltest du innerhalb der geplanten Zeit die Aufgabe nicht lösen können, fange mit der nächsten an.

Vom Leichten zum Schweren! Bearbeite erst die Aufgaben, die du auf Anhieb lösen kannst; dann legt sich auch deine Aufregung.

Genau abschreiben! Wenn du z. B. eine vorgegebene Wortart einfügen sollst, passieren leicht Abschreibfehler. Das kann schon einen Punktabzug bedeuten.

Eine Probe machen! Das fertige Ergebnis solltest du noch einmal überprüfen. Vergleiche deine Lösung mit der Fragestellung der Aufgabe. Stellst du dabei fest, dass Wesentliches fehlt oder falsch ist, kannst du wenigstens noch kurz angeben, wie die Lösung aussehen könnte. Falsches streichst du durch.

Tipp

Hier einige Tipps, die dir helfen, bessere Klassenarbeiten zu schreiben.

Für die Klassenarbeit in diesem Band hast du 45 Minuten Zeit. Arbeite bitte nicht länger, damit du eine realistische Einschätzung deines Arbeitstempos bekommst. Die Bewertungspunkte stehen jedes Mal rechts neben der Aufgabe. Am Ende der Arbeit erfährst du, wie du deine Gesamtpunktzahl und deine Zensur ermittelst.

Grammatikarbeit

Aufgabe 1 Bestimme die Wortarten! Benutze keine Abkürzungen!

pro Wort 1/2 Punkt

Vor		unserem	
unserer		Direktor	
Schule		plötzlich	
habe		an	
ich		das	
heute		Bein	
einen		und	
Vorfall		biss	
beobachtet.		ein	
Der		großes	
Hund		Loch	
des		in	
Hausmeisters		die	
sprang		Hose.	

Aufgabe 2 Bestimme Genus (Geschlecht), Numerus (Zahlform) und Kasus (Fall) der folgenden Nomen!

pro Bestimmung 1 Punkt

des Lastwagens	Genus	Numerus	Kasus
die Handtücher	Genus	Numerus	Kasus
den Metzgern	Genus	Numerus	Kasus

Setze in die Lücken auf der einen Seite den bestimmten und auf der anderen Seite den unbestimmten Artikel ein!

Aufgabe 3
pro Wort 1/2 Punkt

bestimmter Artikel	unbestimmter Artikel
______ Hund klaut ______ Schlachter ______ Knochen aus ______ Kühlfach. In ______ Kaufhaus stiehlt ______ Dieb ______ Verkäuferin ______ Fotoapparat.	______ Hund klaut ______ Schlachter ______ Knochen aus ______ Kühlfach. In ______ Kaufhaus stiehlt ______ Dieb ______ Verkäuferin ______ Fotoapparat.

Bringe die Sätze in die Zeitform, die in der Klammer steht!

Aufgabe 4
pro Satz 2 Punkte

In der letzten Woche hat unsere Klasse einen Ausflug gemacht. (**Präteritum**)

____

Unser Sportfest findet in der nächsten Woche statt. (**Futur**)

____

Unsere Klasse wird beim Schulfest den Kuchenverkauf übernehmen. (**Perfekt**)

____

Unterstreiche die Adjektive!

Aufgabe 5
pro Adjektiv 1/2 Punkt

klug – gehen – sonst – hell – wunderbar – doch –
nie – grell – blond – befehlen – werfen – tief –
gründlich – und – aber – sehnsüchtig – starten –
duftig – weil – blauäugig – transparent – sonnig

Aufgabe 6
pro Bestimmung 1 Punkt

Schreibe die richtigen Zahlen in die Kästchen vor die lateinischen Begriffe!

☐	Perfekt	1	Steigerungsstufe des Adjektivs
☐	Dativ	2	4. Fall
☐	Adjektiv	3	vollendete Gegenwart
☐	Präposition	4	Zukunft
☐	Präteritum	5	Eigenschaftswort
☐	Akkusativ	6	Grundform des Verbs
☐	Futur	7	Verhältniswort
☐	Possessivpronomen	8	Vergangenheit
☐	Infinitiv	9	3. Fall
☐	Komparativ	10	besitzanzeigendes Fürwort

Gesamtpunktzahl: 53

Wenn du Fehler gemacht hast, musst du die entsprechende Punktzahl von der Gesamtpunktzahl einer Aufgabe abziehen. **Beispiel:** Du hast in Aufgabe 1 eine Wortart falsch bestimmt (die anderen sind richtig), dann bekommst du für diese Aufgabe nicht 14, sondern nur 13 ½ Punkte.

Ich habe ☐ von 53 Punkten erzielt.

Nach dem folgenden Bewertungsmaßstab kannst du deine Leistungen einschätzen.

Punkte	53–52	51–44	43–36	35–27	26–15	14–0
Zensur	1	2	3	4	5	6

Zum Vergleichen: Die Lösungen

Das Nomen

Lösungen zu «Zur Erinnerung» — Seite 11

Wörter wie Katze, Haus, **Buch** oder **Schule** nennt man **Nomen**.
Sie bezeichnen Gegenstände, Dinge und Personen, die man **sehen** oder **anfassen** kann.

Lösungen zu Übung 1 — Seite 11

Die Familie Stolperstein ist erst vor kurzem nach Worthausen gezogen. Das Haus am Stadtrand hat sie von einer alten Tante geerbt. Die Kinder – das sind die Tochter Frauke und der Sohn Friedhelm – haben schon viele Freunde gefunden. Auch die anderen Familienmitglieder fühlen sich inzwischen in der neuen Stadt recht wohl. Der Vater arbeitet jetzt als Wärter in einem Tierpark, die Mutter ist mit ihrem neuen Frisör zufrieden und Opa Friedrich hat mit dem Garten, den vielen Rosen und Büschen alle Hände voll zu tun. Auch der Papagei und der Pudel sind mit dem neuen Zuhause sehr zufrieden.

Lösungen zu «Zur Erinnerung» — Seite 12

Wörter wie Hand, Tür, **Papagei** oder **Zaun** nennt man **Nomen**. Sie werden immer mit einem **großen** Anfangsbuchstaben geschrieben.

Lösungen zu Übung 2 — Seite 13

Opa Stolperstein hat eine große Liebe: seinen Fernseher. Wenn er keine Lust hat, im Garten zu arbeiten, schaltet er den Apparat ein. Am liebsten sieht er sich Abenteuerfilme aus fremden Ländern an. Seine Tochter Friederike mag es gar nicht, wenn Opa Friedrich seine Zeit vor der Glotze verbringt. «Geh lieber mit dem Hund spazieren und schau dir nicht immer diesen Unsinn an! Geht es heute wieder um Liebe und Eifersucht?», fragt sie immer, wenn sie ihren Vater ärgern will. «Nein, diesmal geht es um Banditen und viel Geld», antwortet er ihr stets und lehnt sich in seinem Sessel zurück.

Konkreta: Opa, Fernseher, Garten, Apparat, Abenteuerfilme, Länder, Tochter, Glotze, Hund, Vater, Banditen, Geld, Sessel
Eigennamen: Stolperstein, Friederike, Friedrich
Abstrakta: Liebe, Lust, Zeit, Unsinn, Liebe, Eifersucht

Mach hinter jedem richtigen Wort einen Haken!

Lösungen zu «Zur Erinnerung» — Seite 14

Nomen kann man in zwei Gruppen einteilen:
Die erste Gruppe sind die **Konkreta**, sie bezeichnen Lebewesen (z. B. **Hund**), Pflanzen (z. B. **Blumen**) oder Sachen und Dinge (z. B. **Tasche**, **Land**). Man kann Konkreta sehen oder anfassen. Die zweite Gruppe sind die **Abstrakta**, sie bezeichnen etwas, was man fühlen (z. B. **Angst**), empfinden (z. B. **Langeweile**) oder sich in Gedanken vorstellen (z. B. **Monat**) kann.

Seite 15 **Lösungen zu Übung 3**

Fridolin, der Vater der Familie Stolperstein, ist ein Tierfreund. Eigentlich ist es logisch, dass er Zoowärter geworden ist, denn in einem Büro könnte er es nicht einen Tag lang aushalten. Bei Wind und Wetter radelt er mit dem Fahrrad in den Tierpark, denn Fridolin mag Autos nicht besonders. Dafür liebt er Raubkatzen. «Ich verstehe das nicht», wundert sich die Mutter immer wieder, «wie kannst du nur ständig den Gestank in den Käfigen aushalten?» Sie kennt natürlich die Antwort des Tierliebhabers: «Raubkatzen riechen besser als Haarspray.»

Wunderst du dich über «der Familie»? Nomen und Artikel können in verschiedenen Fällen verwendet werden. Dies lernst du auf Seite 20/22.

Nomen mit Artikel: der Vater der Familie, ein Tierfreund, einem Büro, einen Tag, dem Fahrrad, den Tierpark, die Mutter, den Gestank, den Käfigen, die Antwort des Tierliebhabers

Nomen ohne Artikel: Zoowärter, Wind, Wetter, Autos, Raubkatzen, Raubkatzen, Haarspray

Seite 16 **Lösungen zu «Zur Erinnerung»**

Nomen haben einen **Artikel** (Begleiter). Es gibt **bestimmte Artikel** (der, die, das) und **unbestimmte Artikel** (ein, eine, ein).

Seite 17 **Lösungen zu Übung 4**

~~das~~ die Flasche – ~~der~~ die Kaffeetasse – ~~das~~ der Autositz – ~~das~~ der Bilderrahmen – ~~die~~ der Fußboden – ~~der~~ das Kissen – ~~der~~ die Fernsehzeitung – ~~das~~ der Schreibblock – ~~die~~ das Glas – ~~der~~ das Tagebuch – ~~der~~ das Hotel – ~~das~~ die Ferienreise

Radiere falsche Lösungen aus oder streiche sie durch! Bearbeite diese Aufgaben noch einmal!

Maskulina (männliche Nomen): der Autositz, der Bilderrahmen, der Fußboden, der Schreibblock

Feminina (weibliche Nomen): die Flasche, die Kaffeetasse, die Fernsehzeitung, die Ferienreise

Neutra (sächliche Nomen): das Kissen, das Glas, das Tagebuch, das Hotel

Seite 18 **Lösungen zu «Zur Erinnerung»**

Jedes Nomen hat ein grammatisches **Geschlecht (Genus)**. Männliche Nomen (**Maskulina**) haben den Artikel **der**, weibliche Nomen (**Feminina**) haben den Artikel **die** und sächliche Nomen (**Neutra**) haben den Artikel **das**.

Seite 19 **Lösungen zu Übung 5**

(kino) (taschen) (schule) (haus) (bleistifte) (lesebuch) (türen) (blume)

(spiel) (einkauf) (sessel) (feier) (puppen) (übungsblätter) (schaufel)

(ziegen) (maus) (lehrer)

Singular	Plural	Singular	Plural
das Kino	die Kinos	der Einkauf	die Einkäufe
die Tasche	die Taschen	der Sessel	die Sessel
die Schule	die Schulen	die Feier	die Feiern
das Haus	die Häuser	die Puppe	die Puppen
der Bleistift	die Bleistifte	das Übungsblatt	die Übungsblätter
das Lesebuch	die Lesebücher	die Schaufel	die Schaufeln
die Tür	die Türen	die Ziege	die Ziegen
die Blume	die Blumen	die Maus	die Mäuse
das Spiel	die Spiele	der Lehrer	die Lehrer

Lösungen zu Übung 6

Seite 19

Es wird Zeit, das jüngste Mitglied der Familie Stolperstein, Sohn Friedhelm, kennen zu lernen. Friedhelm hat ganz besondere Eigenschaften: Er sammelt Spielzeugautos, liebt Computerspiele, vermeidet – wenn möglich – sportliche Unternehmungen und isst für sein Leben gern Gummibärchen. Aber am erstaunlichsten an ihm ist, dass er gerne zur Schule geht. Ja, ihr habt richtig gehört! Besonders eifrig ist er, wenn er Vokabeln lernen darf. Es ist klar, dass Friedhelms Schwester sich ernsthafte Sorgen um ihren kleinen Bruder macht.

Radiere falsche Lösungen aus oder streiche sie durch! Bearbeite diese Aufgaben noch einmal!

Singular	Plural
die Zeit	die Eigenschaften
das Mitglied	die Spielzeugautos
die Familie	die Computerspiele
der Sohn	die Unternehmungen
das Leben	die Gummibärchen
die Schule	die Vokabeln
die Schwester	die Sorgen
der Bruder	

Lösungen zu «Zur Erinnerung»

Seite 20

Fast alle Nomen können in der **Einzahl (im Singular)** und in der **Mehrzahl (im Plural)** verwendet werden. Im Plural stehen alle Nomen mit dem Artikel **die**.

Lösungen zu Übung 7

Seite 22

Den Schülern (Dativ) ihrer Klasse (Genitiv) hat Friederike (Nominativ) versprochen, in der nächsten Zeit mit ihnen einen Ausflug (Akkusativ) zu machen. Sie möchte gern ein Museum (Akkusativ) besichtigen oder eine Wanderung (Akkusativ) machen. Dieser Plan (Nominativ) gefiel den Kindern (Dativ) nicht so gut. Die Mädchen (Nominativ) haben den Vorschlag (Akkusativ) gemacht, doch lieber einen Freizeitpark (Akkusativ) zu besuchen. Friederike (Nominativ) muss sich das Problem (Akkusativ) noch genau überlegen.

Der Artikel

Seite 25 Lösungen zu Übung 8

bestimmte Artikel: der, den, die, dessen, dem, des, das
unbestimmte Artikel: einem, eines, eine, ein, einer

Seite 25 Lösungen zu Übung 9

Eines Tages brachte der Vater aus dem Zoo ein kleines Äffchen mit nach Hause. Es hatte ein kleines, niedliches Gesichtchen, ein samtweiches Fell und große, runde Augen. Am liebsten hätte der Großvater den kleinen Affen sofort behalten und er machte auch gleich einen Plan für den Bau eines Affenställchens hinter dem Geräteschuppen. Frauke suchte schon nach einem passenden Namen, aber Froggi, der Papagei, mochte den neuen Hausgenossen überhaupt nicht leiden. Er stimmte ein fürchterliches Geschrei an, hackte eifersüchtig gegen die Stäbe des Käfigs und schleuderte wütend einen seiner Fressnäpfe auf den Fußboden. Die Mutter stellte unnachgiebig fest: «Noch ein Tier mehr kommt mir nicht ins Haus! Morgen nimmst du den Affen wieder mit in den Zoo. Zwei Zankaffen in der Wohnung reichen mir!» Meinte sie damit etwa Frauke und Friedhelm?

Zwischen Artikel und Nomen kann noch eine nähere Bestimmung stehen. **Siehe Seite 24**

Seite 26 Lösungen zu «Zur Erinnerung»

Alle Nomen haben einen **Artikel** (**Begleiter**). Er gibt an, welches Geschlecht (**Genus**) ein Nomen hat. **Der** gehört zu den maskulinen Nomen, **die** zu den femininen Nomen und **das** zu den sächlichen Nomen. Im Plural haben alle Nomen den bestimmten Artikel **die**.

Seite 27 Lösungen zu Übung 10

1. Die Mutter hat **ein** neues Auto gekauft. **Das** Auto ist ein gelbes Cabrio.
2. Frauke macht bald **eine** Klassenfahrt. Sie freut sich sehr auf **die** Klassenfahrt.
3. Friedhelm möchte sein Zimmer mit **einer** neuen Tapete verschönern. Er darf sich **die** Tapete auch selbst aussuchen.
4. Froggi hat **einer** Grünpflanze die Blüte abgefressen. **Die** Grünpflanze stand direkt neben seinem Käfig.
5. Friederike hat sich **ein** neues Kleid gekauft. **Das** Kleid war ziemlich teuer.
6. Der Hund **eines** Kollegen ist verschwunden. Der Vater hilft, den Hund **des** Kollegen zu suchen.

Seite 28 Lösungen zu Übung 11

der Grünpflanze – den Blumenbeeten – den Hausmeister – die Pakete

Das Pronomen

Seite 30 Lösungen zu Übung 12

1	ich koche	(4)	3. P. Pl.
2	ihr verreist	(1)	1. P. Sing.
3	er schreibt	(6)	2. P. Sing.
4	sie fliegen	(3)	3. P. Sing. m.
5	sie reitet	(2)	2. P. Pl.
6	du lachst	(5)	3. P. Sing. f.

Lösungen zu «Zur Erinnerung» Seite 31

Alle Nomen können durch **Personalpronomen (persönliche Fürwörter)** ersetzt werden. Pronomen heißt übersetzt: **für ein Namenwort.**
Die Personalpronomen heißen in der richtigen Reihenfolge im Singular **ich, du, er, sie, es** und im Plural **wir, ihr, sie.**

Lösungen zu Übung 13 Seite 32

Opa Stolperstein will wieder einmal in seinen Garten. Er muss ein neues Beet anlegen. Natürlich will **ihm** keiner helfen. Friederike gibt **ihm** nur eine Gartenschürze, damit sie nicht so viel waschen muss. Als er Frauke bittet, die Gartengeräte zu holen, sieht sie **ihn** nur erstaunt an und läuft schnell zum Fahrradschuppen. Opa nimmt sich vor, **ihr** auch nicht mehr zu helfen.

Singular			Plural		
1. Fall Nominativ *Wer oder was?*	3. Fall Dativ *Wem?*	4. Fall Akkusativ *Wen oder was?*	1. Fall Nominativ *Wer oder was?*	3. Fall Dativ *Wem?*	4. Fall Akkusativ *Wen oder was?*
ich	mir	mich	wir	uns	uns
du	dir	dich	ihr	euch	euch
er	ihm	ihn	sie	ihnen	sie
sie	ihr	sie			
es	ihm	es			

Lösungen zu «Zur Erinnerung» Seite 33

Nomen kann man durch **Personalpronomen / persönliche Fürwörter** ersetzen. Personalpronomen verändern ihre **Form**, wenn man sie in einen anderen **Fall** setzt. Sie sind also **deklinierbar.**

Lösungen zu Übung 14 Seite 34

Personal-pronomen	Possessiv-pronomen	Personal-pronomen	Possessiv-pronomen
ich	mein	wir	unser
du	dein	ihr	euer
er	sein	sie	ihr
sie	ihr		
es	sein		

Lösungen zu Übung 15 Seite 34

Im Reitstall

Frauke ist wie immer nachmittags bei **ihrem** Pferd. Alle Reiterfreunde haben schon **ihre** Pferde aus den Boxen geholt, um sie zu putzen. «Du kommst ja heute so spät zu **deinem** Schätzchen», ruft **ihre** Freundin Silke. «Ich hatte vergessen, **meinen** neuen Striegel einzustecken, deshalb musste ich noch einmal zurück.» Mittlerweile hat Frauke Manitu aus **seiner** Box geführt. Das Pferd reckt **seinen** Hals, um an einem Apfel zu naschen, der in der Stallgasse liegt. «Das ist **mein** Apfel!», ruft Robert mit **seiner** durchdringenden Stimme. «Ich habe nur den einen für **mein** Pferd.» Frauke lässt **ihren** Putzkasten fallen und rettet den Apfel mit einem schnellen Griff. «Wir müssen mal wieder **unsere** Apfelkasse auffüllen und einen ganzen Sack kaufen, dann geht keins von **unseren** Pferden leer aus», schlägt sie vor.

Das Adjektiv

Seite 36 Lösungen zu Übung 16

Vor vielen hundert Jahren lebte im **fernen** Morgenland ein **weiser/großer** Zauberer. Wo auch immer er hinreiste, überall musste er seine **wunderbaren/geheimnisvollen** Fähigkeiten unter Beweis stellen. Seine **geheimnisvollen/wunderbaren** Zauberkräfte machten ihn schließlich überall bekannt. Sogar der **mächtige** Sultan hörte von ihm und bestellte ihn in seinen **königlichen** Palast. Des Sultans **schöne** Tochter litt nämlich an einer **seltenen** Krankheit, und keiner der **berühmten** Ärzte hatte ihr helfen können. Als nun der **weise/große** Zauberer bei dem **unglücklichen** Sultan erschien, klagte ihm dieser sein Leid...

Seite 37 Lösungen zu «Zur Erinnerung»

Wörter wie schön, alt, **rot, krank**... oder **nass, klug**... nennt man im Deutschen **Eigenschaftswörter** oder **Wiewörter**. Der lateinische Ausdruck dafür heißt **Adjektive**. Solche Wörter bezeichnen **Merkmale** und **Eigenschaften** von Lebewesen, Dingen, Sachverhalten und Tätigkeiten. Sie antworten auf die Frage: **Wie?** Den Anfangsbuchstaben schreibt man **klein**.

Seite 37 Lösungen zu Übung 17

einsam artig flüssig langsam fleckig lesbar

sonderbar seltsam wunderbar teilbar sparsam lustig

Mach hinter jede richtige Lösung einen Haken!

...sam	...ig	...bar
einsam	artig	lesbar
langsam	lustig	wunderbar
seltsam	flüssig	sonderbar
sparsam	fleckig	teilbar

Seite 38 Lösungen zu Übung 18

...haft	...los	...lich	...isch
nahrhaft	erfolglos	herrlich	kindisch
krankhaft	zahnlos	gemütlich	diebisch
boshaft	lautlos	gefährlich	stürmisch

Radiere falsche Lösungen aus oder streiche sie durch! Bearbeite die Aufgabe noch einmal!

Lösungen zu Übung 19

Seite 38

Familie Stolperstein geht aus

Eine riesige Familienfeier wird am Sonntag bei Stolpersteins reichen Verwandten stattfinden. Das niedliche Baby soll getauft werden. Alle Mitglieder der großen Familie wurden herzlich zu diesem erfreulichen Anlass eingeladen. Bei den Stolpersteins herrscht furchtbare Aufregung wegen der feierlichen Kleidung, die natürlich erwartet wird. Mutter Friederike rauscht atemlos in ihrem eleganten Abendkleid die Treppe herunter, um ihre modebewussten Familienmitglieder um Rat zu fragen. Aber die anderen stehen selbst ratlos vor ihren weit geöffneten Kleiderschränken.
Als um Mitternacht noch immer keine annehmbare Lösung gefunden ist, beschließt Opa Friedrich gnadenlos: «Wir ziehen alle schwarze Kleidung mit einem weißen Oberteil an. So etwas hat jeder in seinem Schrank. Dann gehen wir als Familie Pinguin.» Endlich können sie schrecklich müde ins Bett sinken.

Lösungen zu «Zur Erinnerung»

Seite 39

Viele Adjektive erkennt man an ihren **Endungen** (**-ig**, **-lich**, **-bar**, **-sam**, **-haft**, **-los** und **-isch**).

Lösungen zu Übung 20

Seite 40/41

Familie Stolperstein im Garten

Wie immer gibt es bei der Gartenarbeit **großen** Missmut unter den Familienmitgliedern. Jeder meint, **härter** zu arbeiten als der andere. Friedhelm mäht den Rasen. Alles, was mit Technik zu tun hat, findet er **interessant**. Frauke meint, es ist **wichtiger**, dass das Blumenbeet **gepflegter** als sonst aussieht. Unkraut jäten findet sie **anstrengender** als Rasen mähen. Das gibt schon mal einen **handfesten** Streit zwischen den Geschwistern. Opa Friedrich ist nicht so **berechnend** wie die Kinder. Er macht **geduldig** alles, was die Tochter ihm sagt. Die **schönste** Beschäftigung für ihn ist jedoch, in der alten Hollywood-Schaukel zu sitzen und den Vögeln bei ihrem **herrlichen** Gesang zuzuhören. Da Vater Fridolin jeden Tag **am längsten** von allen arbeitet, braucht er nur am Wochenende im Garten zu helfen.

Superlativ schönste, am längsten
Komparativ härter, wichtiger, gepflegter, anstrengender
Positiv großen, interessant, handfesten, berechnend, geduldig, herrlichen

Lösungen zu Übung 21

Das Verb

Seite 43

Zuerst **füllst** du 250 g Mehl in eine Rührschüssel und **fügst** zwei Eier und einen gestrichenen Teelöffel Salz **hinzu**. Anschließend **rührst** du mit dem Mixer einen drei viertel Liter Milch in das Mehl-Eier-Gemisch. Die Milch bitte nicht auf einmal, sondern nach und nach in die Schüssel **gießen**, sonst **entstehen** Klümpchen, und das **schmeckt** nicht besonders. In einer Pfanne **erhitzt** du etwas Öl und **gießt** eine Kelle flüssigen Teig **hinein**. Eine Wendeschaufel **eignet** sich, um Pfannkuchen umzudrehen. Die Pfannkuchen **schmecken** besonders gut mit Marmelade oder Puderzucker.

Seite 44 Lösungen zu Übung 22

er trinkt – wimmern – sie hat geschimpft – es hagelte – kopieren – wir wandern – sie jammerte – versprechen – sie heiraten – verreisen – erledigen – er hämmert – ihr fürchtet euch – beleidigen – verirren – ich beabsichtige – du behauptest – nachgeben – einkaufen – es bedeutet

Seite 45 Lösungen zu «Zur Erinnerung»

Mit Verben (**Tätigkeitswörtern**) bezeichnet man Tätigkeiten oder Handlungen. Man kann mit ihnen auch ausdrücken, was **passiert** oder in welchem **Zustand** sich etwas befindet. Verben kann man in der **Grundform** (im Infinitiv) oder in der **Personalform** (in der finiten Form) verwenden. Verben schreibt man **klein**.

Seite 46 Lösungen zu Übung 23

Singular		Plural	
1. Person	ich koche	1. Person	wir kochen
2. Person	du kochst	2. Person	ihr kocht
3. Person Maskulinum	er kocht	3. Person	sie kochen
3. Person Femininum	sie kocht		
3. Person Neutrum	es kocht		

Seite 47 Lösungen zu Übung 24

Infinitiv:	arbeiten		
1. Pers. Sing.	ich arbeit | e	1. Person Plural	wir arbeit | en
2. Pers. Sing.	du arbeit | est	2. Person Plural	ihr arbeit | et
3. Pers. Sing. Maskulinum	er arbeit | et	3. Person Plural	sie arbeit | en
3. Pers. Sing. Femininum	sie arbeit | et		
3. Pers. Sing. Neutrum	es arbeit | et		

Radiere falsche Lösungen aus oder streiche sie durch! Bearbeite die Aufgabe noch einmal!

Lösungen zu Übung 25 — Seite 48

Infinitiv:	fahren
1. Pers. Sing.	ich fahre
2. Pers. Sing.	du fährst
3. Pers. Sing. Maskulinum	er fährt
3. Pers. Sing. Femininum	sie fährt
3. Pers. Sing. Neutrum	es fährt
1. Person Plural	wir fahren
2. Person Plural	ihr fahrt
3. Person Plural	sie fahren

Infinitiv:	singen
1. Pers. Sing.	ich singe
2. Pers. Sing.	du singst
3. Pers. Sing. Maskulinum	er singt
3. Pers. Sing. Femininum	sie singt
3. Pers. Sing. Neutrum	es singt
1. Person Plural	wir singen
2. Person Plural	ihr singt
3. Person Plural	sie singen

Infinitiv:	rudern		
1. Pers. Sing.	ich rudere	1. Person Plural	wir rudern
2. Pers. Sing.	du ruderst	2. Person Plural	ihr rudert
3. Pers. Sing. Maskulinum	er rudert	3. Person Plural	sie rudern
3. Pers. Sing. Femininum	sie rudert		
3. Pers. Sing. Neutrum	es rudert		

Lösungen zu «Zur Erinnerung» — Seite 48

Verben sind in ihrer Form veränderbar (**konjugierbar**). Die konjugierte Form des Verbs nennt man auch **Personalform** oder **finite Form**. Sie zeigt an, welche Person (1. Person: **ich** oder **wir**, 2. Person **du** oder **ihr**, 3. Person: **er**, **sie**, **es** oder **sie**) und wie viele Personen (**Singular** oder **Plural**) etwas tun.

Lösungen zu «Zur Erinnerung» — Seite 50

Etwas, das bereits geschehen ist, liegt in der **Vergangenheit**. Etwas, das gerade geschieht, liegt in der **Gegenwart**. Etwas, das noch geschehen wird, liegt in der **Zukunft**. Die Form eines Verbs drückt aus, zu welcher **Zeitform** ein Geschehen gehört.

Lösungen zu Übung 26 — Seite 51

Fridolin Stolperstein fährt täglich mit dem Fahrrad zur Arbeit (A). Heute nimmt er allerdings den Bus, denn es regnet in Strömen (G). Morgen scheint hoffentlich wieder die Sonne (Z). Frauke sitzt heute ausnahmsweise mal an ihrem Schreibtisch (G). Ansonsten verbringt sie ihre Zeit nur mit ihren Pferden (A). Wie sieht wohl am Ende des Schuljahres das Zeugnis aus? (Z) Seit Jahren hängt das alte Familienfoto unbeachtet im Flur des Hauses (A). Jetzt beim Putzen betrachtet Friederike es genauer und beschließt (G): «Morgen kaufe ich einen neuen Rahmen.» (Z)

Seite 52 Lösungen zu «Zur Erinnerung»

Mit der Gegenwartsform (**Präsens**) kann man Verschiedenes ausdrücken:
Ein Geschehen läuft in der **Gegenwart** ab, etwas ist **allgemein gültig** oder etwas geschieht erst noch in der **Zukunft**. Wenn man etwas ausdrücken will, was in der Vergangenheit liegt, also schon vorbei ist, dann verwendet man die Vergangenheitsform (**Präteritum**).

Seite 53 Lösungen zu Übung 27

Infinitiv: zeigen				**Infinitiv: fangen**			
Präsens		Präteritum		Präsens		Präteritum	
ich	zeige	ich	zeigte	ich	fange	ich	fing
du	zeigst	du	zeigtest	du	fängst	du	fingst
er	zeigt	er	zeigte	er	fängt	er	fing
sie	zeigt	sie	zeigte	sie	fängt	sie	fing
es	zeigt	es	zeigte	es	fängt	es	fing
wir	zeigen	wir	zeigten	wir	fangen	wir	fingen
ihr	zeigt	ihr	zeigtet	ihr	fangt	ihr	fingt
sie	zeigen	sie	zeigten	sie	fangen	sie	fingen

Seite 54 Lösungen zu Übung 28

Präteritum

Früher kletterte Frauke gern auf Bäume, lief durch Pfützen, matschte im Schlamm. Überhaupt tobte sie wie ein kleiner Junge. Natürlich bekam sie immer wieder blaue Flecke, weil sie ständig von irgendeiner Schaukel fiel oder von einer Mauer stürzte. Ständig war sie in Bewegung, hüpfte auf einem Fuß, machte einen Handstand und rutschte das Treppengeländer herunter.

Präsens

Noch heute **klettert** Frauke…
sie läuft, sie matscht, sie tobt, sie bekommt, sie fällt, sie stürzt, sie ist, sie hüpft, sie macht, sie rutscht

Radiere falsche Lösungen aus oder streiche sie durch! Bearbeite die Aufgabe noch einmal!

Präteritum

Damals **war** …
sie liebte, sie trug … sie verbrachte, sie tobte … herum, sie kam … zurecht, sie spielten, sie machten, sie ärgerte, sie handelte, er hatte … leicht

Präsens

Auch heute ist Frauke noch nicht viel anders: Sie liebt lässige Kleidung und trägt am liebsten alte Jeans. In ihrem Zimmer verbringt sie nicht viel Zeit, sie tobt lieber draußen herum. Manchmal kommt sie mit ihrem Bruder ganz gut zurecht, dann spielen sie zusammen und machen allerlei Unsinn. Oft ärgert sie ihn aber auch und handelt nicht gerade wie eine liebe Schwester. Der arme Friedhelm hat es nicht leicht mit ihr.

Lösungen zu «Zur Erinnerung»

Seite 55

Mit der Vergangenheitsform (dem **Präteritum**) erzählt oder berichtet man über etwas Vergangenes. Diese Zeitform wird vor allem in der **geschriebenen** Sprache verwendet.

Lösungen zu Übung 29

Seite 56

Präsens (heute)	Präteritum (gestern)	Futur (morgen)
ich verreise	ich verreiste	ich werde verreisen
du ruderst	du rudertest	du wirst rudern
er diktiert	er diktierte	er wird diktieren
sie lächelt	sie lächelte	sie wird lächeln
es tanzt	es tanzte	es wird tanzen
wir tapezieren	wir tapezierten	wir werden tapezieren
ihr marschiert	ihr marschiertet	ihr werdet marschieren
sie laufen weg	sie liefen weg	sie werden weglaufen

Lösungen zu Übung 30

Seite 57

«Später wirst du bestimmt einmal den Nobelpreis bekommen», sagt Frauke zu ihrem Bruder. «Eines Tages machst du bestimmt eine große Entdeckung, weil du so schlau bist.» Friedhelm prahlt: «Ich werde eine großartige Maschine erfinden. Seit mindestens einem Jahr denke ich schon darüber nach. Ich plane nämlich den Bau einer Schularbeitenmachmaschine. Die Schüler aus aller Welt werden mir Dankesbriefe schreiben und auf jedem Schulhof wird ein Denkmal von mir stehen. Die Kinder werden keine Probleme mit der Maschine haben, denn es wird alles ganz einfach gehen. Oben schmeißt man das Heft hinein und unten kommen die fertigen Aufgaben heraus. Dir werde ich natürlich das erste Exemplar meiner einmaligen Maschine verkaufen.» Frauke zweifelt noch etwas. «Ob ihr es glaubt oder nicht, ich werde es bestimmt schaffen», denkt sich Friedhelm bockig.

Radiere falsche Lösungen aus oder streiche sie durch! Bearbeite die Aufgabe noch einmal!

Lösungen zu «Zur Erinnerung»

Seite 58

Mit der Zeitform **Futur** (**Zukunft**) drückt der Sprecher aus, dass etwas noch geschehen wird. Diese Zeitform wird gebildet aus einer gebeugten Form (**finiten Form**) von **werden** und dem **Infinitiv** des Verbs. Dabei ist «werden» ein **Hilfsverb**.

Lösungen zu Übung 31

Seite 59

ich bin gesprungen	ich habe gewusst	ich bin gerudert	ich habe gesungen
du bist gesprungen	du hast gewusst	du bist gerudert	du hast gesungen
er ist gesprungen	er hat gewusst	er ist gerudert	er hat gesungen
sie ist gesprungen	sie hat gewusst	sie ist gerudert	sie hat gesungen
es ist gesprungen	es hat gewusst	es ist gerudert	es hat gesungen
wir sind gesprungen	wir haben gewusst	wir sind gerudert	wir haben gesungen
ihr seid gesprungen	ihr habt gewusst	ihr seid gerudert	ihr habt gesungen
sie sind gesprungen	sie haben gewusst	sie sind gerudert	sie haben gesungen

Seite 60

Lösungen zu «Zur Erinnerung»

Das Perfekt (**die vollendete Gegenwart**) wird gebildet aus der **finiten** Form der Hilfsverben **sein** oder **haben** und aus dem **Partizip Perfekt** des Verbs. Es wird vor allem in der **gesprochenen Sprache** verwendet, um etwas Vergangenes auszudrücken.

Seite 61

Lösungen zu Übung 32

ich war gesprungen	ich hatte gewusst	ich war gerudert	ich hatte gesungen
du warst gesprungen	du hattest gewusst	du warst gerudert	du hattest gesungen
er war gesprungen	er hatte gewusst	er war gerudert	er hatte gesungen
sie war gesprungen	sie hatte gewusst	sie war gerudert	sie hatte gesungen
es war gesprungen	es hatte gewusst	es war gerudert	es hatte gesungen
wir waren gesprungen	wir hatten gewusst	wir waren gerudert	wir hatten gesungen
ihr wart gesprungen	ihr hattet gewusst	ihr wart gerudert	ihr hattet gesungen
sie waren gesprungen	sie hatten gewusst	sie waren gerudert	sie hatten gesungen

Die Präposition

Seite 64

Lösungen zu Übung 33

Familie Stolperstein will heute ~~unter~~ auf der Terrasse grillen. Fridolin holt den Grill ~~in~~ aus dem Keller und Frauke stellt die Teller ~~über~~ auf den Tisch. Der Opa nascht schon mal ein bisschen ~~vor~~ von dem Kräuterbrot und gießt sich ein Bier ~~zwischen~~ in sein Glas. ~~In~~ Hinter der Hauswand hat sich der Hund versteckt und wartet geduldig, bis das erste Stückchen Fleisch ~~um~~ auf dem Grill liegt. Als ihm der köstliche Duft ~~zu~~ in die Nase zieht, schießt er blitzschnell ~~gegen~~ aus seinem Versteck hervor, springt ~~zwischen~~ in die Luft und schnappt sich den Leckerbissen direkt ~~hinter~~ von dem Grill. Schuldbewusst läuft er ~~durch~~ in sein Körbchen und verzehrt seine Beute ~~für~~ mit Genuss.

Seite 65

Lösungen zu «Zur Erinnerung»

Die **Präpositionen** (Verhältniswörter) bezeichnen die Beziehung zwischen Personen und Dingen. Verhältniswörter kann man **nicht verändern** (**deklinieren**).

Die Konjunktion

Seite 66

Lösungen zu Übung 34

An einigen Stellen passen verschiedene Konjunktionen.

Vater Stolperstein will wie immer mit dem Fahrrad zur Arbeit fahren, **aber** es gießt in Strömen. Frauke **und** Friedhelm müssen auch in die Schule, **deshalb/also** entschließt sich Friederike, alle mit dem Auto hinzubringen. Opa Friedrich soll so lange das Haus hüten. **Als** sie einsteigen wollen, fällt Frauke ein, **dass** sie ihr Schminktäschchen im Bad vergessen hat. Alle warten geduldig, **bis** sie wiederkommt. **Als** Friederike losfahren will, ruft Friedhelm aufgeregt: «Warte! Ich habe mein Mathebuch **und** meine Federtasche vergessen.» Langsam reicht es der Mutter, **denn** auch sie muss pünktlich in der Schule sein. «**Entweder** ich fahre jetzt sofort los **oder** ihr steigt alle wieder aus!», schimpft sie. **Als/Da/Weil** niemand antwortet, gibt sie Gas.

Seite 67

Lösungen zu «Zur Erinnerung»

Wörter, mit denen man zwei Aussagen oder Satzglieder verbinden kann, nennt man **Konjunktionen** (**Bindewörter**). Man kann sie nicht **deklinieren** (**beugen**).

Lösungen zu Übung 35

Das Adverb
Seite 68

Heute räumt Vater Stolperstein die Gerümpelkammer hinter dem Heizungskeller auf. Beim Betreten des Raumes bekommt er fast einen Herzschlag. Überall liegen massenweise leere Flaschen und Zeitungen. «Die müssen sofort zum Container, sonst können wir hier bald die Tür zumauern!», ordnet Fridolin streng an. Ausnahmsweise hilft ihm sein Sohn Friedhelm heute einmal bei der Aktion. Endlich ist der Keller einigermaßen entrümpelt und die Familie kann ihn nun wieder zum Abstellraum machen.

Lösungen zu 1.W 1

1. Wiederholung
Seite 70

Jeden Morgen schließt unser **Hausmeister** (Nominativ) den **Kindern** (Dativ) den **Fahrradstand** (Akkusativ) auf.

Die **Kinder** (Nominativ) bringen ihre **Fahrräder** (Akkusativ) in den Unterstand.

Eines Morgens war der **Schlüssel** (Nominativ) des **Hausmeisters** (Genitiv) nicht aufzufinden.

Die **Kinder** (Nominativ) entdeckten den **Schlüssel** (Akkusativ) und brachten ihn dem **Hausmeister** (Dativ).

Lösungen zu 1.W 2

Seite 71

1. Person Singular, Plusquamperfekt (ausgehen) → ich war ausgegangen
2. Person Plural, Präsens (heiraten) → ihr heiratet

Lösungen zu 1.W 3

Seite 71

Peter konnte nicht in die Schule gehen, **weil** er sich das Bein gebrochen hatte.
Wenn wir Ferien kriegen, fahre ich mit meinen Eltern in den Urlaub.
Mutter geht noch schnell einkaufen, **bevor** der Laden schließt.

Lösungen zu 1.W 4

Seite 71

Bestimmter Artikel:
Der Schüler kann **den** Handstand nicht ohne **die** Hilfestellung **des** Lehrers ausführen.
Das Unglück ereignete sich auf **dem** Schulhof.
Unbestimmter Artikel:
Ein Schüler kann **einen** Handstand nicht ohne **eine** Hilfestellung **eines** Lehrers ausführen. **Ein** Unglück ereignete sich auf **einem** Schulhof.

Lösungen zu 1.W 5

Seite 72

Adjektiv: groß, dick, klug, listig
Präposition: in, auf, unter, hinter, vor
Adverb: niemals, heute, vielleicht, oben, damals

Lösungen zu 1.W 6

Seite 72

billig: billig – billiger – am billigsten
geschickt: geschickt – geschickter – am geschicktesten
dünn: dünn – dünner – am dünnsten
nett: nett – netter – am nettesten

2. Wiederholung

Seite 73

Lösungen zu 2.W 1

Radiere falsche Lösungen aus oder streiche sie durch! Bearbeite die Aufgabe noch einmal!

Bei	Präposition	einen	unbestimmter Artikel
unserem	Possessivpronomen	dicken	Adjektiv
Sportfest	Nomen	Gips	Nomen
fiel	Verb	bekommen	Verb
Peter	Nomen / Eigenname	hatte,	Hilfsverb
gestern	Adverb	kam	Verb
vom	Präposition	er	Personalpronomen
Reck.	Nomen	heute	Adverb
Obwohl	Konjunktion	in	Präposition
er	Personalpronomen	die	bestimmter Artikel
im	Präposition	Schule	Nomen
Krankenhaus	Nomen	gehumpelt.	Verb

Seite 73

Lösungen zu 2.W 2

Peter – Susanne – ~~die Blumen~~ – Lena	Die Nomen sind **Eigennamen.**
Angst – ~~Keks~~ – Liebe – Spannung	Die Nomen sind **Abstrakta.**
der Mann – der Tisch – der Arzt – ~~die Tür~~	Die Nomen sind **Maskulina.**
des Buches – ~~dem Kissen~~ – des Fensters – der Oma	Die Nomen stehen im **Genitiv.**
Etui – Heft – ~~Mut~~ – Tasche	Die Nomen sind **Konkreta.**
~~die Tasse~~ – das Tal – das Baby – das Fieber	Die Nomen sind **Neutra.**
~~der Ring~~ – die Mühle – die Kette – die Rede	Die Nomen sind **Feminina.**

Seite 74

Lösungen zu 2.W 3

Ich **schreibe** meiner Freundin einen Brief. (Präsens)
Ich **schrieb** meiner Freundin einen Brief. (Präteritum)
Ich **habe** meiner Freundin einen Brief **geschrieben.** (Perfekt)
Ich **hatte** meiner Freundin einen Brief **geschrieben.** (Plusquamperfekt)
Ich **werde** meiner Freundin einen Brief **schreiben.** (Futur)

Seite 74

Lösungen zu 2.W 4

Bäcker:	Singular, Genitiv	→ des Bäckers
Gerüst:	Plural, Nominativ	→ die Gerüste
Hand:	Singular, Akkusativ	→ die Hand

Seite 74

Lösungen zu 2.W 5

Andreas verließ die Klasse, **obwohl / als** es noch nicht geklingelt hatte.
In der Schule war es heute schön, **weil** wir ein Eis bekommen haben.
Franziska benutzt ihre Brille, **damit** sie das Tafelbild besser lesen kann.
Die Lehrer wissen, **dass** die Kinder gern hitzefrei haben möchten.

Lösungen zu Aufgabe 1

Grammatikarbeit

Seite 76

Vor	Präposition	unserem	Possessivpronomen
unserer	Possessivpronomen	Direktor	Nomen
Schule	Nomen	plötzlich	Adverb
habe	Hilfsverb	an	Präposition
ich	Personalpronomen	das	bestimmter Artikel
heute	Adverb	Bein	Nomen
einen	unbestimmter Artikel	und	Konjunktion
Vorfall	Nomen	biss	Verb
beobachtet.	Verb	ein	unbestimmter Artikel
Der	bestimmter Artikel	großes	Adjektiv
Hund	Nomen	Loch	Nomen
des	bestimmter Artikel	in	Präposition
Hausmeisters	Nomen	die	bestimmter Artikel
sprang	Verb	Hose.	Nomen

Lösungen zu Aufgabe 2

Seite 76

des Lastwagens	Maskulinum	Singular	Genitiv
	Genus	***Numerus***	***Kasus***
die Handtücher	Neutrum	Plural	Nominativ oder Akkusativ
	Genus	***Numerus***	***Kasus***
den Metzgern	Maskulinum	Plural	Dativ
	Genus	***Numerus***	***Kasus***

Lösungen zu Aufgabe 3

Seite 77

Bestimmter Artikel:
Der Hund klaut **dem** Schlachter **den** Knochen aus **dem** Kühlfach.
In **dem** Kaufhaus stiehlt **der** Dieb **der** Verkäuferin **den** Fotoapparat.
Unbestimmter Artikel:
Ein Hund klaut **einem** Schlachter **einen** Knochen aus **einem** Kühlfach.
In **einem** Kaufhaus stiehlt **ein** Dieb **einer** Verkäuferin **einen** Fotoapparat.

Lösungen zu Aufgabe 4

Seite 77

In der letzten Woche **machte** unsere Klasse einen Ausflug.
Unser Sportfest **wird** in der nächsten Woche **stattfinden**.
Unsere Klasse **hat** beim Schulfest den Kuchenverkauf **übernommen**.

Lösungen zu Aufgabe 5

Seite 77

klug – gehen – sonst – hell – wunderbar – doch – nie – grell – blond – befehlen – werfen – tief – gründlich – und – aber – sehnsüchtig – starten – sonnig – weil – blauäugig – transparent – duftig

Seite 78 Lösungen zu Aufgabe 6

Radiere falsche Lösungen aus oder streiche sie durch! Bearbeite die Aufgabe noch einmal!

3	Perfekt	9	Dativ
5	Adjektiv	7	Präposition
8	Präteritum	2	Akkusativ
4	Futur	10	Possessivpronomen
6	Infinitiv	1	Komparativ

Immer dabei: Das Lesezeichen

Schneide dieses Blatt aus, falte es entlang der roten Linie und klebe es an der Innenseite zusammen. (Schlau ist es, wenn du dir die Seite vorher kopierst – falls du das Lesezeichen einmal verlegen solltest.) Jetzt hast du ein tolles Lesezeichen, auf dem du immer schnell nachschauen kannst, wenn du bei einzelnen Wortarten unsicher bist. (Wenn du Lust hast, kannst du das Lesezeichen unten lochen und dort einen dicken Wollfaden oder Ähnliches durchziehen. Dann ist es noch auffälliger. Du kannst es auch zusätzlich mit einer selbstklebenden Folie beziehen.)

Nomen
(Namenwort, Dingwort)

Haus, Liebe, Schlüsselbein, Türpfosten
↓
Großscheibung

Verb
(Tätigkeitswort, Zeitwort)

rudern, stehlen, überlaufen, abschneiden
↓
Zeitformen

Adjektiv
(Eigenschaftswort, Wiewort)

himmlisch, saftig, schlau, bitterlich
↓
Steigerung

Artikel
(Begleiter des Nomens)

bestimmter Artikel:
der, die, das

unbestimmter Artikel:
ein, eine, ein

Pronomen
(Fürwort)

Personalpronomen:
ich, sie, ihm, euch

Possessivpronomen:
mein, euer, ihr

Präposition
(Verhältniswort)

auf, seit, im, zwischen
↓
nicht veränderbar

Konjunktion
(Bindewort)

und, oder, weil, dass, denn
↓
nicht veränderbar

Adverb
(Umstandswort)

schon, nie, links, nicht, zwar, gern
↓
nicht veränderbar